歷代神仙通鑑

(八)

新刻[illegible]最一先生評訂神仙鑑三集卷之二十

新安融陽亦史程毓奇續

鳳瀏尚綱一貞王太素贊

包山抉樓原本

○○孚中翁終南受道　○○○空同會諸子譯經

魏勝少與王中孚爲友、矢心報國。中孚字允卿、世家咸陽大魏村、生於政和壬辰十二月二十二日、膂力拔俗、早通經史、晚習弓刀、易名世雄、字德威、初試武舉、獲中甲科、逮和議成、乃獻賦春官、寓言其非、因忤旨而黜、時年四十七、喟然歎曰、孔子四十而不惑、孟子四十不動心、已過之矣、尚吝腥啄腐、紆紫懷金、不亦愚甚乎、遂解組歸、棄妻屏子、拂衣塵外、類楚狂之放蕩焉、己卯歲

重陽　和玉蟾　李靈陽　史處厚　劉通微　嚴處常

遊於終南至甘河鎮橋遇二道者各被白氈儵然而坐烟
霞態度霄漢精神趨拜與言皆出世語滌塵浣垢剷膏剔
髓如醉而醒如瘖而鳴因再拜求道密授口訣有詩曰四
十八上始逢師之句明年庚辰復遇於醴泉覿更授金丹
眞旨爲更名嚞字知明既而指東方曰汝何不觀之知明
回首而望見七朶金蓮結子二師笑曰豈止如是而已將
有萬朶玉蓮房也知明拜求姓氏曰正陽純陽時值九陽
遇我當號重陽二師去重陽乃穴居以修名活死人基入
與道友和玉蟾李靈陽結菴而坐有史處厚劉通微嚴處
常相继受道靈陽閑朝廷棄川陝乃焚其菴出關東遊携

陳翠虛

引度世欲應金蓮之兆途遇二人道貌凝然不類凡俗就與語亦陝人微言妙義娓娓不倦如數家珍重陽竦然叩其姓名乃杏林之徒紫賢幷其徒張環衛重陽亦告以已之本末雖爲鍾呂親傳而紫賢丹成在先互相欽敬因問杏林何在薛曰吾師已於去歲解化留偈曰

雷破泥丸穴眞人駕火龍不知誰下手打破太虛空

味此想見返神還虛矣重陽問薛何適曰將謁海蟾師祖於華山余有弟子陳翠虛在惠州師能往彼指示玄微爲其篤信否重陽許之遂別去翠虛者博羅白水巖人名楠字南木以盤櫛縰桶爲生先遇黎姥山靈人之九子之一授景霄大雷琅書能

以符水揑土爲丸愈病人呼爲陳泥丸後遇毘陵大師得太一刀圭丹遺修煉訖成神異莫測披髮不梳日行四五百里鶉衣百結塵垢滿身嗜食犬肉終日爛醉過蒼梧郡人禱旱翠虛執鐵鞭下潭驅龍須臾雷雨交作過三山大義渡洪流舟不敢行翠虛浮笠而濟行欽州道中遇群盗泣殺之三日復甦遊長沙衡帥節拘送邕州獄數夕仍回長沙或夜坐口含水銀向曉成白金人爭事欲求其訣翠虛弗與嘗往侍紫陽談論戒其勿輕用法後但以泥丸治病亦欲傳度而未之遇方爲人箍桶偶作頌曰

有漏成無漏。如何水滅過。既能圓密了。內外一眞空。

隆興

郭忠孝

郭雍

乾道

重陽住足而聽犨虛舉頭即恭身迎謁重陽曰子何所見而迎我曰仙長神光四射其固識之也重陽曰曾師紫賢乎曰然重陽遂與論金丹之旨無不契合遂同入山晤紫陽相與盤桓久之重陽復遊東海癸未歲改元隆興時張浚開府建康子栻參贊僚佐皆一時之選重陽請謁軍門說以延年之術浚謝以國事未遑重陽出曰許國不謀身也是冬詔徵陝州布衣郭雍不至雍父忠孝師事程頤著易說雍傳其學通世務曾與重陽辯論養生引年之道自號白雲先生賜號沖晦處士更封頤正先生時年八十三甲申夏張浚卒贈太師謚忠獻是冬金攻楚州魏勝拒戰死之乙酉春改元乾道陳康

伯卒以經濟自任帝常比之謝安每誡使臣以尊國體不
辱命至是始立敵國禮樞密院主剛中畫坐校書見康伯
步至曰予因傍桂宮以子節烈可嘉帝君命召歸玉局同
赴空洞會與聞時事剛中即於是日卒蓋仇池丈始眞君
因五胡亂晉時失於救濟被謫至是僉人擾宋雖天數宜
然而兵燹所經不無橫戮乃指示羣仙極力營救疆埸鋒
及魯無枉死之魂道路流離不殞無辜之命仁人巧獲生
全孝子曲爲蔭庇其忠烈之士捐生蹈難者引歸天道貞
節之姬誓死全操者度入仙階此際天心厭亂南北休兵
眞人乃類敘有功邀集羣聖於丁亥春三月十八日齊往

臨汝山報功復命老君。傳集薊州、虔州、平涼、臨洮、四空同諸眞其東石叔門劉圖郭四朝兄弟南、王探李眞西張微子尹澄北張忠劉摩訶本山師曠離婁大容榮援流星園段解等潛山修文卽樂子長先期至山接待當時凡及門受道與能承流宣化者陸續皆至老徒七子乃文始關尹子通玄辛文子洞靈亢倉子子林壺丘子正名尹文子沖虛子列子南華蒙莊子老氏流派者十人鬼谷子楊朱崔瞿士成綺柏矩元陽子伯陽董子匡續蔡瓊南榮趎靈感教召者十九人杜沖宋倫安期生路大安姑射老叟劉翊于吉劉惇王纂桓法闓寇謙之梁諶韋善俊葉法善傳仙

宗侯道華劉從善王仙君賈善翔道承眞系四十人王方
平華濛若士李意期張道陵劉馮李少君魏伯陽欒巴陰
長生張景霄張申劉政可郎孫博左慈介象介琰劉景東郭
延霧壽光何述羅先期石帆公宮戶施存葛玄尹思尹軌
樊中和女仙李元一劉絪樊雲翹東陵聖母李靖王烈鄭
思遠李虛中張泰李保眞林通元傳經度世五十三人劉
海蟾姚坦周亮曹渾成許腊茅盈朱璜王谷神皮玄耀折
象王長劉劃薄姑延徐市郭文舉許穆陳惠度牛文侯于
郅陳寶熾李順興侯楷張法樂王執雙龔祖陳道一沖潘師
正司馬承禎張薀汪華吳筠薛季昌翟法言劉無名李含

光許樸巖應夷節金可記熊德融王燦葉藏質鄭去奢聶
紹元許仲源譚峭陳摶陳景元章詧种和璞劉元道邊洞
元馬自然龔元正老氏羽翼○七十四人、樂臣公蓋公曹叅
桓譚嚴遵闞澤向長高恢法眞楊王孫廖扶胡宿朱桃椎
吳隱之裴林裴坦裘萬頃杜生五郎徐則丘訢翟莊宋纖
阮籍王弼王衍向秀庾愷謝鯤王羲之殷仲堪阮修周彥
倫宗測沈道虔顧歡杜京產吳苞仲長子光王績孫思邈
盧鴻秦系陸希聲李約李德裕白居易張薦明蘇澄隱張
無夢田錫陳摶歐陽修羅從彥楊時呂希哲蘇軾蘇轍陸
農師唐庚秦觀晁迥晁說之謝逸邵伯溫翟乾祐鄭俠葉

夢得董思靜鄒若愚江袁程士昌鄭伯熊孔旼杜光庭、要語警世者二十七人涓子長桑公子鶴鳴眞人王星卜者孫登王襃蘇林岳潰林裴玄仁張如珍左元澤張得一鳴鵠洞眞章震和君實軒轅集畢道寧王旻楊義許遜許玉斧陶弘景王遠知李凝陽薛道光陳泥丸酒閣道人、覺言度緣者二十一人鍾正陽蘇耽司馬季主呂純陽杜昺王重陽張紫陽施觀吾藍養素王棲雲抱一子全元起晁文元金司籙張繼先石杏林俞玉吾敬玄子徐從事趙昇鄧象諸高徒、衆集坐於兩耳房、會齊先入內室謁見依次而坐、道君憑飛來座慰勞曰諸君蚤臨、乘衆眞尚未畢集、盡各言邇來學識。以益吾聰乎。羣眞驚愕不語、老君曰、無異也、如予所存五千言其後箋註者六十餘家而其道德宗旨互認不同曰內解者後趙佛圖澄明理國之道者晉羊祜杜預明理身之道者魏松陵山人梁陶弘景齊顧歡明事物之道者符秦鳩摩羅什僧肇梁道士竇畧明重玄之道者晉孫登梁道士孟智周臧玄靜陳道士諸糅隋道士劉進善唐道士成玄英蔡子晃黃玄賾李榮車玄弼張惠超黎元興明虛極無爲之道者魏何晏鍾會晉王弼又以虛玄爲宗者漢嚴遵管輅徐子平無爲爲宗者晉張嗣唐盧氏劉仁會道德爲宗者張玄靜杜光庭非有非無爲宗

者、梁武帝修持之道、雖不越此、入門之階、航不一、殊途而
同歸也、辛諧君放膽言之、聾眞相視遜讓良久、王屋卜者
離座曰、入天門保三關、存朱衣正崑崙、惟素書一卷是胎
精中記、鶴鳴徐道季繼起曰、巾天青詠太虛、跖雙目彈三
赤五神合道之秘事、三皇大歷之玄文、是時欲言者皆越
班而出、鄧若愚曰、久視之要、務在進道、而不專取、若不進
道何異大椿、畢道寧曰、學道貴鍊神服烝丹書、乃入道梯
媒、屏絕俗紛精鍊神烝水、定則形直、心靜則神寧、老君闡
之怡然、張如珍拱手曰、天以清而容萬物、鏡以明而鑒衆
形、天清鏡明、澄心靜神、得內外洞澈、則至道可成、左元澤

曰大道杳冥不可致詰、含太虛爲廣、總萬宇於眞一章

之以自然、任之以萬物胎根既斷三界迴出、台州張得一

曰心湛湛而無動、氣綿綿而徘徊、精涓涓而還轉、神混混

而往來、開閉鑰於七竅、散元氣於九垓、擊破玉關、神光方

顯、寂然圓廓一任去來、金丹錄曰、日月不亂視、耳不亂聽、視

逐於心、乃靜之本、王重陽曰、行住坐臥一切動中心似泰

山不搖不動、謹守四門、眼耳鼻舌不令內出外入、此亦養

壽緊要、鳴鶴洞眞曰、氣爲內丹、藥爲外丹、陰功爲內丹、金

石爲外丹、覲朝太上無異二丹相合、老君微陋李德裕曰、

道君昔告軒轅曰、毋勞爾形、毋搖爾精、復謂孔子曰無

氣與多欲態色與淫志是奚蘇軾曰儲祥碑云老子之道
合於易何思何慮論語仁智靜壽之說曾題弟轍解云使
漢初有此書則孔子爲一使晉宋有此書則佛老不二李
約曰世傳道德一書爲神仙虛無言又誤太史先黃老而
後六經以此觀之六經乃黃老之枝葉爾白居易曰黃老
之道務寬簡務儉素不眛聰察不役智能蘇轍曰解老子
以示僧全全歎曰皆佛說也凡老子亦有刊定未有不與
佛合者羅從彥曰老子與孔子既不譽又不毀其可不畏
言故謂竊比老彭陸希聲曰道以爲體名以爲用無爲無
不爲而格於皇極張爲明曰妙萬物而爲道總兩儀而爲

德得其極者袵席而治天地能守一者亦可以治天下老
子點頭心許蘇澄隱曰養生不過精思煉烝帝王養生則
異於是無為無欲凝神太和呂希哲曰治人事天莫加嗇
養生家以為要術持身保家安邦不越其道歐陽修曰道
家本清虛去徒羨不可易也桓譚曰昔道君著虛無之言
兩篇後世好之者謂過於五經意竊為已甚自文景及史
遷皆有是言始味之愈厚楊王孫曰學黃老之術常自厚
奉養令薄葬以返真歸土就其真宅邵伯溫曰先康節以
老子得易之體文中子謂為東方聖人豈為過歟晁迥曰
處世之人只知晝夜是常而人如故出世之人以生死為

晝夜○而性如故○謝逸曰、孔子所謂仁者壽○老子所謂死而
不亡者壽○釋氏所謂無量壽○湛然常存未嘗死也○陸農師
曰、精微之義△要妙之言△可以啟學者之蔽○復性命之全○程
士昌曰、老子秉執樞要○而以道御物○大抵清心寡慾○而淵
默涵養○江袁曰、無者萬物所歸○人能冥心於無所謂坐忘○
息氣面壁○於此三者、果殊道哉○鄭伯熊曰、杜門終日默坐
動作心氣和平○節以儉其無○摧以散其有○不求不憂○安於
恬淡也、唐庚曰、道君持大道遊於世○何所不容○而猶西遊○
惟其無往而不容○雖蠻陌之邦○行矣○董思靖曰、老與時偕
○極○待心而後應○高超物外○妙入環中○鄭俠曰、大慶居士序△

居士本儒學以孔氏爲宗得老說以明葉夢得曰老與孔異者皆矯世之辭而所同者皆合於易及佛氏出相爲表裏秦觀曰道德者仁義之大全仁義者道德之一偏黃老之學以道爲本故先黃老晁說之曰王弼言仁義與禮儀必待道以用之天地萬物各得其一晁文元曰止念令靜觀理令明念靜理明不死可能導氣令和治體令柔氣和体柔長生可求俞玉吾曰欲求長生須求吾未生以前此身緣何而得然後可以論長生之道敬玄子曰修行中部之道存道而守三一遥望崑崙山赤子字丹元意欲觀絳宮所貴得神仙張紫陽曰以事鍊心情無他用心不留事

一靜可期抱一子曰耳不聽則坎水內澄目不視則離火
內營口不言則兌金不鳴皆回光返照也王棲雲曰決定
立志精進鍊心萬緣不能勾引陰陽不能陶鑄郭象曰魯
註莊子云衆竅為風所鳴萬行為化所役風不能鳴則衆
竅虛化不能役則衆竅息薛道光曰鍊已功勤心虛應物
虛心則無我萬物皆空清老君喟然而歎張果曰含光便
是長生藥變骨成金上品仙又內指云撮聚雙睛在目前
竟成便可點金仙更讀金華妙句
始知玄機獨修

中孚以信而正乃應乎天遇二師而受訣虛中之應也
迨傳七蓮五會孚乃化邦乘木舟虛度人無量也命曰
重陽則自強不息之德一無為天之道也

說果陳根皆輔翊　傳經啓教大慈悲
金華詩云仙翁常守洞門在三島眞人常往還潘師正曰
修眞至要在精根根而運轉氣默默而無爲神混混而往
來心澄澄而不動身外有身未爲奇特虛空粉碎方露全
身藍養素曰蘂珠洞眞云息之出也天地盜我元陽之氣
息之入也我盜天地之氣若能眞人潛淵心息相依以歸
根則息息盜天地之氣矣鍾正陽曰但能息息皆相顧換
盡形骸至渡流要在心與息相依神與氣相守念念相續
打成一片然後形神俱妙與道合眞呂純陽曰呼出心與
肺吸入腎與肝呼則接天根吸則接地根呼則龍吟雲起

吹則虎嘯風生、老君曰、此號大成法語也、君等更以出處
行持及自何得乎、願各向衆宣言、亦即所由進道之路矣。
陳摶欽柚而言曰、論出世法、令不死藥、天子召於建隆觀
蘇月餘、異人記其華胥調混沌譜、秦系曰、結屋南安大松
上、穴石爲硯、注老子、身未嘗至城府、立亭號高士峰、邊洞
元曰、洛陽人、幼慕老莊、因摶籍爲道士、遇尊嶺書生、因酒酣舞劍、訪五雲
溪去處、乘洛陽醉水、辭陳景元曰、字太虛、建昌南城人、師師號眞靜白號碧虛
張洪濛注道德經、探賾索微、得靈臺秘妙、其義昔之委
和今之蛻質、非化非生、復吾眞宅、宗測曰、少靜退、不樂人
間、但用天道分地利、遂齎老莊二書、往廬山白圖阮籍蘇

門於符降王績曰簡放不喜拜揖誕縱不攖家事養鳧鴈蒔藥草以自供給讀周易誦老莊他書罕蓄章詧曰字隱之、成都人、號沖逸處士、精研大易常看黃庭遇南嶽貞一子服丹化如蟬蛻葉藏質曰、字含象、松陽人、法善之裔、愛三洞經籙誦道德度人選勝於玉霄峰修道號石門師尤精符術以除邪題門雞鳴而化去于章曰、字長文、扶風人、習誦道德服勞巾瓶受三洞眞妙法圖雲篆龍章施人張法樂曰、南陽人、日誦五千文言及修峰一之道鍊形服氣拋一守眞道業已著覊感自通俟檝同、字法先、京兆人、師陳寶熾力究經典尤精老莊道在方寸眞存入山聶紹元曰、字伯祖長好書史尤精老莊不蘊世俗號無名

子嘗撰宗性論訪眞秘訣遺戒宜修鍊遵太上教潁川陳慧
度曰初居茅山後遷南嶽硏太上黃庭經佩五嶽眞形圖
丹成光氣滿山昇後遺書感格熊伯酈曰字大光荊州人銳然有
志出塵遂得九轉之數謂道先已後人綿綿用之不斷周
彥倫曰善言名理尤喜老易每玄言相滯便彌日不辯陳
寶熾曰潁川人號正懿先生隸籍樓觀每朝老子生死道一夢覺理
均李順興曰京兆人母夢明星而生常諷五千道德其旨趣
也淸虛湛然幻已合眞虔懇修持形神同舉龔元正曰字端
本武陵人賜號沖逸大師天性淳懿向道精專端坐誦黃庭經遲明儼
然而化劉元道曰字象初開封人世武弁慕老莊嘗至太虛大夫蕋珠殿校書簡淳諍

厚應答如響校定道書之外未嘗更華動人仲長子光曰結菴以息身賣藥以爲業守令謁辭以痼疾答請道劍書老易應夷節曰字適中汝南人高士應叔之曾孫受老莊文列周易黃庭大洞諸經持十戒而勤焚修受上清而行精護雖謂持教法而不能匿跡然道不遠人而勤行方至王燦曰一名琮魯爲王屋縣令常答黃庭經得深意於東極愼人受以了所注經得觸皇澤桃核不惟愈疾且以延年杜京產曰少恬靜閑意榮宦步文義專修黃老謂莊生豈爲向壁回鈞辭聘召一無所就盧鴻曰詔謂有泰一之道中庸之德答狀本以忠信奉見謁而不拜賈善翔曰字鴻舉逢州人混俗和光默究修鍾請經愈旨目爲太清宮主所講大上

洞眞其宗霧寶度人劉從善曰、字順天號浩然子、西雒人。奉章太上聖駕復回服氣鍊形隨風而化況道處曰少仁愛好讀老易立溪宅翫樂山水因舉世事佛捨宅爲寺惟琴書自娛無竟曰幣王仙君曰自上黨雲中而南遊經北邙緱氏入嵩山淡然迹泯希夷自得端居仙竇之中太上署少室伯吳苞曰善三禮及老莊惟葛巾與竹盧立學館於鍾山蔬食二十餘年孔昄曰性亦潔喜讀書晚年惟翫老易爲太玄圖而規其中心易所謂寂然不動無異諸眞再欲講論山前忽鸞鳴鶴唳官吏馳報客衆齊至老君率羣眞出宮命文始等迎送洞口鐘磬交鳴諸眞聖衆正下乘輿坐騎趨

前相見文始等曰眞聖降臨失於遠候恭請升階而入歷
視之乃應元五嶽唐堯虞舜夏禹周穆王喬楚康淮南十
三位帝王其次公侯十二人周祖棄商祖契六祖皐陶秦
祖伯益萬王夔齊祖姜尚父秦巴陵侯姜茂叔漢留侯張
良晉關内侯葛洪唐鄂國公尉遲恭周國公武攸緒鄴侯
李泌文武三十二人晉卿介子推宋舍人琴高越大夫范
蠡蜀郡守李冰秦三將軍唐建威李德莪宋雲刀楚汝南
太守韓崇漢太常卿方儲待詔常侍郎東方朔南昌尉梅
福晉西安令吳猛旌陽令許遜南海太守鮑靚輿令徐寧
部從事黃敬唐相國賈耽滏陽令崔珏陽翟令薛尊師兄

弟諭長遂精心歸道、由嵩高
而至終南天台、為入威洞主、陵郡尉薛幽棲侯奉牟內侍、
詔張志和、長安令杨泰明進士施肩吾安南都護副使錢
朗、婺州參軍王賈、登封令麋靖、均州刺史盧鈞、南漢尚書
僕射黃損、後蜀祠部員外彭曉木稈姓宋進士劉希嶽號朗然子、
常自言夾脊雙關透頂門修行道路此為夾江縣尉羊愔、
飛、卧內飛出一金蟬遂失秀峯之所在、
仙眷倫叙父子主僕[illegible]一人周人王傳于神精中山衛
叔卿、子度世、沖虛子羅子房、其父尸解葬空棺於死貞觀
側、其子功成駕空舟於門外、
杉袤
天師孫夫人、女女姬、司馬季主子法滑、女齊華、城門校
尉王剛、女魯連、長安匡智、姪大郎、韓湘、叔愈名恭奴婢恭[illegible]
兩奴一婢於太行山採藥、因
遇三仙示方、前後皆為地仙、其弟十五人、郭四朝之弟左

人皇初起弟初平李脫妹眞多表天綱李淳風荆門屈家
姊妹錢妙眞與女夫唐若山若水夫婦五十七人、犢子陽
都女、酒客、賈人女、舒州王子其妻王上賓、王眞同三少女、
那孟節家室礼元方并妻眞人、王君與妻、島李并妻、役夫
許于并妻、劉根、阮肇天台二女、崔煒申女、裴航雲英、蕭防
妻蕭雙成、張碩妻杜蘭香、木仙謝生妻楊氏、儁有詩求續謝聯女遂偶
七年石遊後見於江、吳彩鸞文簫、伊用昌鄭氏、王鼎同妻及子常自歌曰
也有山妻也有兒也能小藝也能贊又曰假饒淘眞十八年今朝始遇漢朝賢
嵩嶽嫁女時三禮田璆鄧
鄧爲嵩嶽嫁娶知機以上清神女、配玉京仙郎、劉大仙并妻、寒[illegible]卧將中道側遊辭祿隱棲昇之後呼
妻出拜報謝[illegible]中[illegible]金桃獻焉、岷山任生妻曹文姬生仍遺仙人才數捷[illegible]司書仙女尤工

翰墨因投詩爲
侶、後閬蘂同昇、文賓及故姬壽老賓每娶妻凡數十輙去嫁他後見數錢
孫術社中、數服菊花、
松子、更有年亦仙去、王可交與妻子呼手先酒家毋泰後
夫毛女被害者凡十家、唐公昉許氏閭宅彭抗時烈黃安
覽張臣王老、歘擕道士、之浴酒數杯風矜舉之霈山樂
瑞齋屋舍人物雞犬一時飛去空中、
家眷屬劉道成、樂賢者術、精持香火、奉外勤儒學
大家真符遂全家昇拔、杜景永內修貞道
得九鼎還丹之訣、
遂飛升寒鳥棲仙、陰術爲精仙者廿四人、老成子彭祖承
女貴山君喜甘者老名陰恒長姓九靈子王化之道、得五行却老襲家門
而貧乎儀行其道者、太得著道源之經審陰
其義凡存人間者有餘在、纏洞了碧修陽之術常若臨深
發鬼方如劉京字君平、淳于意太倉公
術奔乘鳥劉京本子、平叔字子
玄白蘗長儒、作賃者稱遜逐仕登棠將行恭謁老

君下八寶雲光寶座固辭概行長禮、分班命坐、又報南嶽
夫人黎山老姥宛丘淨丘及玄女丈島老佺倫等迎入行
禮敘次坐於左班其諸弟子坐於右老君命設天廚款燕
上元曰人世貪嗔釀此劫運其等不能化迪爲累保合太
和雖勤厥職實愧無功老君顧文始等曰尊哉諸子功德
大矣救蒼生於水火化煩惱作清涼天心大順金籙垂勳
但度人濟世以何爲首玆當眞風廣布大道流行之際試
再言之文始起對曰天下方術之士或尚晦尚明或尚弱
尚強執之皆事也不執之皆道也吾道無言無行卽有言
有行而求道忽遇異物橫執爲道舍源求流棄本執末得

源本何時吾所以處人於暗中蓋處明不見暗中一物處暗能見明中區事也宛丘曰處暗則不見我而見物不見我則忘我而身隱矣見物則昭智而不昧矣能忘我而昭智聖人之功也莊子曰是蓋和光而不與其光同塵而不掩於塵也文始曰夫魚欲異群捨水躍岸則死虎欲絕類捨山入市則擒是以聖人不異衆人物亦不能拘芒乎若亡寂乎若漠同焉者和得焉者失未嘗先人而嘗先人老君曰得之矣然教人究竟何務文始曰古今四方之俗不同至於一家一人之善又不同豈執一豫格後世哉惟隨時同俗先和後事捐忿塞欲簡物恕人權其輕重而導之

老君曰、善正陽曰旁門小法易爲見功、而俗多得之、互相傳授、至死不悟、敗壞大道、無知之徒、相爲訓式、節序、入於泉下、眞可悲也、老君曰、此固凡夫少識、亦由邪說流行、爾衆眞當急救正之、於是正陽呈破迷正道歌、老君觀曰、得此足破旁門迷途、可爲覺路、宜傳世、以維大道、純陽以獻父歌并直指大丹歌、漁父詞上呈、海蟾亦呈還丹賦、至眞歌還丹破迷歌、陰長生獻龍虎歌、嚴君平進鉛汞歌、吳眞君獻大還丹歌、許眞君有醉思仙歌、恐道祖嗔其狂、不欲呈、吳眞君代爲呈之、馬自然有金石誥還丹訣來和獻踏踏歌渾成、獻四象歌、李八百有金丹賦、葛孝先進流珠歌、

有由來

伯陽呈叅同契、諱景升進化書、平叔呈悟眞篇、石橋歌、老君展視一過曰、足見諸子抱負、可稱吾道長城也、侍童送送醍醐、諸眞暢飲、浮丘停盃上啟曰、曩者廣野諸賢相繼出山、欲顯文明、余與宛丘托跡於蜀、授公冶南容以易理、孰意宰我顛蹶、遍侮同門、雖還山被罰、辯圓省愆、而理學之傳、究未昌明、至顏閔諸人生世、稍能振起儒風、但宋家疆土半入女直、用夏變夷、恐難爲力、老君曰、理學不在一時、而在萬世、數子緝凞道統、定可擴弘、宣父之教、一眞曰金人爭占中原、只因匡義背盟、滅姪傷殘天理、致令伊君憤遣赤龍降生北鄙、轉取江山、拘禁佶桓、以懲其咎、今子

待非高宗之子賓术假人乎、

孫畧盡、而繼統南渡者、屬在德芳德昭之後、張車騎儘可、復其故鼎、秦檜力持和議、戕戮忠良、豈不悲哉。中元曰、適奉玉勑、岳氏忠良已升天界、權姦肆惡、永受三塗。匡義據有家國歷年百五△金人僭主中夏、其數亦許相當、但理學儒修恐有絕續耳、老君曰、此無足慮、有其地者、即用其地之人。產於南道、因可行也、產於此亦無不可行也、但金人好殺、塗毒太甚、將來受報於蒙古、當必倍之。虛靖起問曰、金之於宋、因爲爭國、復讐不識、蒙古於金又何因果、老君曰、此亦趙姓子流於北陲、冒入旃裘、贊謀南伐△天意若曰、假此以紓其恨耳、然爲數不久、自有從而驅之者、復清區宇時亦非遙。爾等當廣施濟度，以弘道化。張氏之後，當益顯焉。虛靖再上就坐。南嶽夫人、玄女、黎姥亦同聲上啟：某等於刼運中勉度，閒中慧覺，令其住山修煉。所存姓氏一冊，先呈老君。命侍童收貯，曰：此功非小，俟南極大會五老共證受籙也。爾時衆眞起辭，老君命大容啟道藏，取經一篋付曰：爾等以此經傳示信道之人，使其虔誦，滅罪消愆，超凡入聖，功德無量。衆眞拜受，視其目曰：

赤文洞古經上章、下章　金碧古文龍虎上經上中下三卷　洞玄靈寶經　定觀經　胎息經　大通經三章　昇玄經　資生經　玉皇心印經　太上大道歌

馮漸
李君
符書以爲紫微諱
李客
張贊

再拜告辭仍命侍倫等送至山前各登雲路老君知兩河大疫雖有馮長預隱在彼救度不逮欲往助之凝陽亦願隨行河東馮漸即長化世初以明經入仕性與俗背尋棄官居伊水上時以符籙治疫有道士李君以道術行於金邦尤善視鬼朝士皆慕其能而李更推重馮謂當今制鬼無過漸者朝士始咸知漸有奇術往往稱道其名鬼即遁去李君更教患家率以漸字題門蓋鬼死曰聻李馮還山凝陽去遊長安不言其名自稱李客常披蓑戴笠繫一葫蘆在城中賣殺鼠藥以一木鼠爲記或有人買藥即曰此不惟殺鼠兼療衆疾人惡其鼠藥少有服者張贊賣書爲業鼠

張父

嚙文字數卷買其貓將以飼鼠盤下見大鼠數頭出而爭食。意必中毒餓見皆生羽翼盤門外飛去贊深異之因就李客語李曰應不是鼠汝勿誕言贊復求藥云已盡矣贊歸言之其父年七十餘久患風證乃取鼠殘舐食頓覺肢體屈伸履步如舊凝陽往會正陽純陽王重陽來謝鍾呂提挈得覩道祖誓當盡心接引 敢云願力洪深 緣念師恩罔極

朔人獻大豕於燕昭王曰非大圂不居非大便不食今百二十年矣人謂之豕仙王命豕宰養之如不勝其體燕相曰豕不烹之乃命宰夫烹而膳王夢人豕曰造化勞我以豕形食我以人穢吾患其生久矣伏君之靈得化為朱始得於魯津之伯矣後燕相遊魯津有赤龜負璋以報老子嘗曰人之患在乎有身吾嘆豕乎

空同一會贒明宋金元事迹使世人曉然於天運乘除至於諸眞談道太上傳經總欲濟渡後人慈悲深切也

馬丹陽
李無夢
孫顯忠
馬庭球
馬庭瑞
馬庭珪

〇〇〇馬半州夫婦雙修　〇〇〇王員外貴賤一體

辭還東海求度馬鈺號丹陽先名從
字宜甫寧海人
其母初孕時夢麻姑
賜丹一粒吞之覺而分娩
金天會癸卯
五月二十日
家富號馬半州兒
時常誦乘雲駕鶴之詩李無夢見曰額有三山手垂過膝
真大仙之材及長里人孫顯忠妻以幼女
甲辰歲正
月初三日
母夢
鶴入懷而生性聰慧來翰墨適宜甫生三子曰庭珪庭瑞
庭珪宜甫嘗題詩云
抱元守一是工夫懶漢如今一也無終日銜杯暢神思
醉中却有那人扶
兩試厳廷不樂仕進時年四十五夢從一道士登來道路

遇重陽云有宿契因駐之食次從蒂起宜甫怪問曰香從真裡得甜向苦中來又問來自何方曰不遠千里特來扶醉人宜甫默念與前詩相合異之遂請歸師事問何名為道師曰五行不到處父母未生前宜甫即悟大畧重陽欲挽其西遊崑崙之烟霞洞未能輒棄家業重陽乃分梨送食凡十次每次必有詩以侃之多方指點猶未脫然一日重陽大醉經造內宅卧於孫氏寢室孫責其非禮怒鎖之門內使僕呼夫歸告之宜甫同師與予議道不離已席寧有是事及開鎖其室已空同往道舍窺之師鼾正濃乃益加敬信明年以家事付三子夫婦傾心學道重陽以金丹

秘訣五篇幷口訣授宜甫以天符雲篆秘訣授孫氏賜名

孫不二

不二重陽遂去不二與夫同參妙旨各處一方煉心復宜甫道成頂結三髻以示不忘師恩自號丹陽子不二敗堵

風仙姑

七年三田復返百竅周流自號清靜散人從風仙姑遊洛陽居風仙洞修道重陽西至華山訪道恰值道光禪師欲返天台南面坐脫留偈曰

鐵馬奔入海泥龍飛上天蓬萊三島路元不在西邊

重陽與其徒衆爲殮於龕舉火焚之得堅固子無數於灰燼中有悟眞篇註丹髓歌行世重陽自西還復遊於登州

丘處機

棲霞縣有丘處機者字通密戊辰正月十九日生自幼好道誠切無書

何中立

不覺方二十歲猶童眞也遇重陽於濱都鄉拜求道要重陽識爲道器即授以丹訣賜號符陽重陽去遊於吳關蘇州天慶觀何中立有道乃往會之中立本淮陽書生一旦焚書裂冠來蘇結茅觀中披一蓑坐卧不易佯狂妄談久而皆應凡病者拜謁乞療何即與蓑衣草一莖令煎服無不愈有不與者其疾必不起因俱稱爲簑衣眞人四方多有求醫問事者戊子春正帝遣內侍以香茗至蘇但云朝廷有事相問何搖首曰有華人即有畜人有日即有月內侍復命帝曰誠知吾心蓋所禱者計中宮虛位而事悵復大賜號通神先生重陽諭以返神還虛之妙遂坐蛻於觀郡人即其肉身漆而金之十生

西遼直魯古天禧
劉處玄
三十二代
張守眞
張伯瑀
夏乾祐

不朽。是夏行乾道曆。△是冬西遼更立直魯古改元天禧。帝圖恢復。恒習騎射
於宮中。已丑夏以弩斷弦傷目。重陽聞之歎曰。惜乎賢明
之君厥志將灰矣。復至東萊武官莊授道於劉處玄。處玄
字通妙。金皇統丁卯七月十二日生。立誓不婚不宦。清淨固守。既聞道。自號長生
子。常乞食煉形。離人遠物。而退藏於天。庚寅春昆陵有妖
憑樹。詔嗣師張守眞治之。守眞母吳氏娠十九月而生。時
修去世。守眞尚幼。庶兄伯瑀攝教事。至紹興十年。襲教應
詔將行。一夕即有雷拔其樹。既赴闕。適江濤衝決。命醮內
廷。賜象簡玉劍清靜陰符二經。賜號正應先生。大上皇召
見。咨問道法。尋辭還山。辛卯春正。夏改乾祐。△帝作敬天圖起居

范成大

傳升

即范成大自金還、知金葬欽宗王辰壽以虞允文爲左丞
相改僕射冬十二月朱熹資治通鑑綱目成明禮義謹學
術不言二氏之說恐異君民之趨向呂祖見帝敬天勤民
好道故樂周旋行化於區内初過華亭北禪寺手植樟於
殿後數年樟死復來、取瓢内藥一粒瘞諸根下樟復活禁
葉俱瓢痕人始感悟因號小樟呂江陵有傳道人升事洞賓像
甚謹癸巳正旦有客方巾道服步於通衢顧傳者再傳即
邀回擁爐與語仙眞事蹟因問古來得道何姓爲盛客曰
道緣不在氏族貴賤然歷攷之漢晉多劉郭魏唐多李裴
升曰唯裴姓寥寥無聞客何言多客曰君毋嫌繁當細數

之開元中裴氏兄弟三人莊居於長安延平門外以孝義
聞○鄰貧婦○嫗有一老父過之求漿衣服顏色稍異裴子待
之極敬○問其所事以賣藥爲業問其族曰不必言也因是
往來憩宿積數年而無倦色○一日謂裴曰觀君兄弟至窶
而常能恭己君實長者必有大福吾亦厚君之惠今爲少
致財物以備數年之儲遂命置炭數斤坎地爲爐熾火命
取小磚瓦如手指大者數枚燒之皆赤懷中取少藥投之
乃生紫烟食頃變爲金約如百兩以授曰此價倍於常者
度君用盡復來裴兄弟拜問其居曰後當相示遂去裴乃
貨金積糧明年遇水旱自免其災凡親朋隣里貧乏者皆

如如君

周給之後三年老父復至又燒金遺之裴仲子願從學遂將去至太白山西巖下太磐石左有石壁以杖扣開別一洞天有黃冠及小童出迎深入漸覺明朗有宮殿臺閣如世之寺觀童女無數歌樂載道諸道士或琴碁諷誦言論老父引裴禮謁謂諸人曰此城中主人也相留一宿食以胡麻飯麒脯玄醴裴告歸老父復送出洞遺以金寶遣歸謂曰君今未合久住後二十年天下當亂可還來此左巖洞仲子拜別比安史總亂裴氏全家去隱於洞中老父常來咸教其道術亂定復出更廣行諸善後拔宅仙去傳升問老父何眞客曰如如君也復言大曆中有主員外好道

上員外

裴老

雖居朝列布衣山客月與周旋一日道侶數人在廳事談諧捎掌會除溷裴老携鐵具至聞諸客言論竊笑之僕使皆怪裴老受傭事畢王君將登溷遇於戶內裴整衣似有所白因問之裴漸前曰員外太好道王驚曰某實留心於此裴曰雖酷好然無所遇廳前客大是凡流但希酒食耳王殊異其妻呼罵曰身爲朝臣乃與穢漢結言遣人逐之王曰天眞道流不擇所處裴請去王懇從容久方許諾王問明日得來否曰不得外後日來至期王潔淨別室以候妻呼曰烏有與除廁人親狎如此王曰尚懼不肯顧我有頃裴至布袍曳杖頗有隱逸之風王遂坐茶酒更進裴淸

○裴休

言聞發殊無給使前狀曰員外非眞好道乃爱藥耳亦有少分某既來莫要爐火之點否主叩頭曰小生酷嗜不敢便有所請裴指鐵盆可二觔餘令取剩火至以盆分兩片置於其中以火覆之須臾色赤袍角解一綵囊取藥兩丸如麻粟除少炭撥散盆上却堆火燒之食頃裴曰成矣令僕之壯者以火筯將出擲於地乃上上金盆色如雞冠主降堦再拜裴曰此金一兩敵常者三兩然不用留轉將布施可也王曰願遊丹懇須至仙伯山居具起居禮裴笑曰何用此遲别去此後不復來即左司郎中裴諝行庶也魏有裴休晝誦經夜著書終年不出户有饑鹿者諸生共薦

○裴坦之休不食曰蔬食猶不足今一啖肉後何以繼弟坦性簡

裴子儉其子娶楊收女器用皆犀玉坦命持去曰殃我家矣其

楊收女兄弟皆墊亦已歸於玉局可見裴氏盛於得仙矣升然之

謹以酒食進奉自是旬日一爽升目昏多淚客教以生熟

地黃切焙取川椒去枝目及閉口者微炒二物等分煉蜜

丸清晨塩米湯服五十丸升服久能視細物後別遠夫追

思容貌宛似呂仙像奉事益誠

○王綸太常王綸守岳州有同道

上謁貌清癯短褐不揜骭語音清圓綸問世系回曰不必

問且請教奕棊因與奕綸素號國手至是連負日云暮乃

酌以酒回因言袁滋未達時晴日登臨復州清溪山煥麗

無比行數里漸奇險阻絕有蒯姓儒生業賣藥家於山下滋與語甚相狎乃留宿滋曰此處合有靈仙隱士蒯曰有道士五六人每三兩日一來不知居處叩之不肯言滋曰可修謁否曰彼甚惡人然頗好酒得美酒一榼或可見也滋辭歸携酒再往經數宿五人始來或鹿巾紗帽杖藜草履遥相與通寒温大笑乃臨澗濯足戲弄蒯生蒯爲列席致酒五人甚喜曰何處得此物且各飲三五杯盞蒯曰非其所能致有客携來願謁先生即引滋出歷拜五人相顧失色悔飲其酒并怒蒯曰不合以外人相擾蒯曰此人志誠稍從容亦何傷也意遂漸解見滋甚謙恭乃時與笑語

僧些

伍伯

自曰坐滋再拜就席俄頃酒酣注視滋曰、大似西華坐禪、和尚使屈指數此僧七來四十七年間滋年歲正四十七、皆撫掌曰直是須求官職福祿已至遂與握手言別前行、過澗上山頭捫蘿跳躍翩翻如鳥飛去滋後果拜相節度、西川此乃秦漢時盧韓侯石金蒯諸人自雲山來覲炙鬼、谷爲儒生是徽之裔孫故恒來顧之後亦引入山去回拱、手復向綸曰公亦荊州狂僧名些者也綸愕然回曰在貞、觀間善歌河滿子偶遇伍伯乘醉於途中辱之令歌僧些、即發聲其詞皆陳其從前隱慝伍伯驚而自悔些旋坐化、復數世而投爲公綸處額曰能前知能示寂尚浮沉於黄

宜景唐　高審思

海耶回笑曰皆術不得丈六金丹難免輪迴路也綸問回
何方人回作詩曰
仙籍班班有姓名蓬萊倦客呂先生凡人肉眼知多少
不及城南老樹精
綸驚訝間庭下烟雲滃然移時散去綸遂告疾還家精思仙道後遇柳師授以成丹及尸解之訣
祖東入龍虎山見客寮坐壽春眞人趣問曰眞
人亦耐煩出遊乎壽春曰予雖不及我師勤虔然亦間嘗
行化但世罕有好道者與師會於庾嶺之前遊於汝陰聞
富翁崔景唐奉道造訪之景唐家禮數月甫得玉鞍將之
壽州以獻節度使高審思謂予曰先生居此幾旬月而返

三十三代 張伯瑀

魏王

彼叔姪輩奉事無所憂也予曰我壽州人也亦將訪一親知久居君家思有以奉報即索水銀十兩置鼎中鍊之少久遂成白銀曰以此爲路糧君至彼可訪我於城東君其先往景唐別去公事畢即詣城東訪梅氏數日不得村人皆曰此地無梅姓唯淮南嶽廟中有梅眞君像景唐如言虔謁果然無異比還家人咸云道士挨踵而去由是汝陰人多有信行之者祖曰昉舞道必爲第一義嗣師知有上賓至出晤之二祖最以崇教濟世時帝復召張守眞與其子伯瑀入朝帝從上皇幸聚景園伯瑀侍從上皇異之爲改名景淵字德瑩命醮內廷有大感應魏王鎭明州有疾爲壇以請

劉珙

至乃以咒水飲之愈憂五月辭還山劉珙薦朱熹爲樞密院編修官累召不至帝謂其廉退可嘉詔以主管台州崇道觀熹聞張平叔得道遐舉深企慕之然不顯言第亦號

翁在茲

紫陽以默契焉平叔少與象川翁在茲同肄業張不第在

孫蓧光

茲顯達有孫蓧光（字淵明）深究性命之學元豐間遇廣孟子

葉文叔

授還丹術知是紫陽嫡派時有葉文叔以太極大衍之數釋而辨之復撰爲圖附於卷末曰悟眞外傳蓧光見所註

陸思誠

舛謬欲辨之聞龍圖陸公之孫思誠所藏本爲眞乃親授之者是秋八月因遊洞庭得其眞本改正之復爲解義詳演始明作之意旨次序篇章莫不取金丹之決象蓧光號白

淳熙

安南王李龍翰

謝后

無名子遊於應天、假以治圃種蔬營生、又號南丘老圃。擇人而度。甲午春改元淳熙、虞允文卒、贈大傅、諡忠肅。金主畫羣臣勲業最著者二十一人於聖武殿之兩廡。丙申春金命京府設學養士。安南國主李天祚殂、子龍翰襲、嗣報喪於宋、帝知金國尚文、召朱熹爲秘書郎、不至。改主武夷山冲祐觀、復令知南康軍、値歲飢、講求荒政、多所全活、間詣郡學、引士子與之論講、訪唐李渤白鹿洞書院遺址、奏復其舊爲學規俾守之。是秋帝立謝貴妃爲后。丁酉春、行淳熙曆。帝謁孔子遂臨太學。青浦舊有孔子廟在慧日寺側、時寺僧浚渠得玉璧三環二簪一、獻上、帝命藏於華亭郡學、孔氏三十四代孫禎宦遊

崔中

於吳因立家廟葬衣冠於此璧環簪乃墓中物王重陽見帝冊后行曆崇聖愛士克盡君道乃暫回終南謁鍾呂具言馬丘之事二師曰因緣正未艾也呂師昔以補鞵懸於巴陵市有崔中樂進士道過巴於旅邸歌沁園春樂章師問歌何曲曰東都新聲也師曰輒欲春和一首吾不解書子爲書之詞曰

七返還丹在人先須煉已待時正一陽初動中宵漏永温温鉛鼎光透簾幃造化爭馳虎龍交會進火功夫在牛斗危曲江上看月華瑩淨有個烏飛當時自飲刀圭又誰信無中養就嬰兒辦水源清濁木金間隔不因師指此事難知道要玄微天機深遠下手速修猶太遲蓬萊路三千行滿獨步雲歸

調寄可思詞情宜玩

評

重陽七眞獨與宜甫不二過旋甚久盍披茅連茹非可歲月計也至分身顯化焉有不信受者哉呂祖之傳方療目飲酌留連仙豈遠人人自遠於仙耳

守谷客　宋纖　杜生　楊宣　馬岌

○○○重陽子暢發玄風　○○○七金蓮闡明法乳

崔閑姓氏曰崔江曰長山曰今爲守谷客君知燉煌宋纖

陽翟杜生乎亦此流人也崔叩問兩人即知爾所行師

曰纖有遠操不與世交居酒泉南山受業三千餘人不應

州郡辟太守楊宣畫其圖於閣上出入視之作頌曰爲枕

何石爲漱何泉身不可見名不可求酒泉太守馬岌具威

儀鳴鐃鼓造爲纖登重樓距之歎曰名可聞而身不可

見德可仰而顏不可覩今而後知先生人中龍也銘詩於

石壁曰丹崖百丈青壁千尋奇木蓊鬱蔚若鄧林其人如

玉維國之寶室邇人遐實勞我心年八十篤志不倦卒諡

黎陽尉

李太守

玄虛先生杜生行列孤節去縣三十五里惟屋兩間前空地丈餘不出籬門三十年黎陽尉訪之布袍草履室中枵然一榻擇日賣藥端坐觀書氣韻曠夷言詞清簡皆有道之士予實慕之崔意其狂妄師遂還寓明日崔謁李太守述之李曰此洞賓也亟往叩其戶應聲遠再呼不應排戶入闃焉無人壁有詩曰

腹內嬰兒養已成且居塵市暫娛情無端措大剛饒舌
卻入白雲深處行

崔恨歎無緣李白師曾題促拍滿路花於長安酒樓云

西風吹渭水落葉滿長安茫茫塵世裡獨清閒自然爐

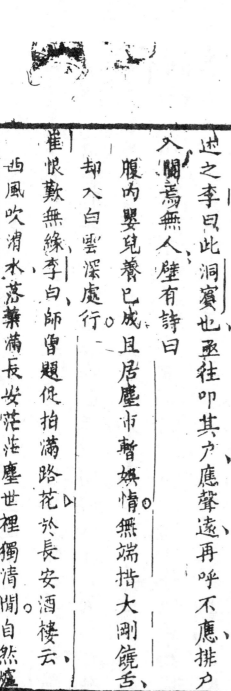

鼎虎繞與龍蟠九轉丹砂就一餌刀圭便成陸地神仙降從他富貴榮華軒到了亦徒然黃粱猶未熟夢驚殘是非海裡終久卒身難拂袖江南去再遊湓浦廬山相與歎懊不已時呂師謂重陽曰予作詩文為世集而刊之文字舛訛惟前歲延平陳谷神得一重刻者無誤此二詞惜遺於集入之可藉惜後學重陽應謝鍾師授誡曰

九轉成入南京得知友赴蓬瀛

重陽謹受拜辭二師立願普化三洲同歸五會一曰平等二曰金蓮三曰玉華四曰三光五曰七寶乃設一榜隨所在懸之文曰

竊以平等者為道德之祖清淨之源乃金蓮玉華之本

孔總
李顯忠

三光七寶之宗普濟羣生遍照世俗銀煽充盈於八極彩霞蒸滿於十方人人願吐於黃芽比比不遊於黑路玉華者氣之宗金蓮者神之祖氣神相結謂之神仙心忘念慮即超欲界心忘境緣即超色界心不著空即超無色界離此三界神居仙聖之源性在清虛之境矣有先輩雲遊者見之歎曰願力洪深眞旌陽再世戊戌春重陽東行顯化時高麗西夏致貢於金卻之金葬宋遠宗室於河南又以衍聖公孔總兼曲阜縣事重陽歎曰金主所行皆帝度故能主中夏也是秋宋太尉李顯忠卒生而神靈立功異域志守破家猶國志復中原帝命繪像閣下

(四)黃幹
(四)呂祖謙
(一)趙不閒
(十)唐廣眞

諡忠襄、八月、行宮留守劉珙卒、子羽長子、諡忠肅、已而追錄趙鼎
岳飛子孫、賜以京秩。○庚子春、右文殿修撰張栻卒、朱熹與
黃幹書曰、吾道益孤矣。○學者稱南軒先生、是冬、資政殿學士胡銓
卒、諡忠簡、辛丑秋、著作郎呂祖謙卒、世稱東萊先生、朱熹進直徽猷
閣、壬寅秋、徙熹江西提刑、辭不拜、乞奉祠、是年四月十四
日、譚州兵馬都監趙不閒於太平觀作鶴會、一道人攝衣
升爬不與人揖、徑入知堂房內不見、但壁上一絕云、
這回相見不無緣、滿院風光小洞天、一劍當空又飛去、
洞庭驚起老龍眠、谷客書
唐廣眞不閒錄呈熹、詳之、熹曰、洞賓也、師蓋自嚴州度唐廣眞而

(上)無思道人

(中)崔元靜

至廣眞唐氏女既嫁得血疾夢道人與藥服而愈自是入道初往蘇謁蓑衣何眞人何稱之爲仙姑道人（號無思）於二月閒赴郭氏飯未竟驀然還寓昏兀如醉兩夕小酥言方飯次若有與我者出門逢呂純陽曹混成引至海邊跨大蝦渡海因隨遊洞府及到冥司呂祖又令至廬山子虛眞人崔元靜洞中學書書大字詩二百餘篇呂祖問曰汝欲超凡入聖耶身外有身耶留形住世耶棄骨成仙耶對曰有毋尚存願盡孝道曰如是則且留形遂以丹一粒分而爲四投之盤中圓轉甚疾攫其一吞之倏忽而甦自此辟穀以符水治人疾良驗上皇聞之降香往請符水至是冬召

入德壽宮宣問靈驗是何法對曰但以心爲法以神爲符以氣爲水耳上皇書寂靜先生四字賜之遣還嘗語人曰符水僅救人疾苦若數之修促非能回天也已已春金太子允恭有疾遍求醫藥不得金主宴宗戚於會寧或言龍門山丘處機有道往召辭不赴允恭遂薨重陽至山謂處機曰子之道業當爲諸子之冠然行道濟時廊廟更易言行之間福及羣生自後有召弗却可也處機領命重陽遂回寧海處機初得師傳二十七歲乃入蟠溪穴居修道戰睡魔祛雜慮脇不至席至三十歲復居隴州龍門苦行潛修虛無妙合始得道成自號長春子聞宋廷任用正人思欲觀

周必大
留正
王處一
譚處端

其氣象。于未春。以周必大爲右丞相。留正參知政事。冬十月。上皇崩。壽八十一。帝致喪三年。戊申春。范成大爲劒南採訪使。於青城山遇一羽士。紫髯過腹。雙眸如電。因問其姓氏笑曰。予即姚不仲也。并述得道之由。長嘯震響山谷。跨青騾飛行於層巒。倏去。成大仲淹之後遂辭官歸吳。隱於石湖。詠誦不輟。偶得諸家丹法。深爲羨慕。苦無道長親炙。聞丘處機有道。又限於南北。弗克往。金主復聘處機至燕。問道對以仁民愛物。修德敬天。金主設館。敬禮處機。苦行仍如蟠溪時。乃召東牟王處一。於金主亦即聘之。重陽前於登州又傳道於譚處端。王處一。郝大通皆海寧州人。處端字通爲山東登州。正。號長眞子、初名玉字伯玉、金天會癸卯三月初一日生、中年患痺師事重陽、每旦重陽以盥餘令洗面、及而疾愈、乃授以道、以宿業重、後遇醉徒毆擊折齒流血、長眞忍受、丹陽曰、一拳消盡多生業、至丁未歲七月十二日道成、作詩而逝、末向云湧出陽神獨自歸、異香滿室者數日、○有冰雲集行於世

大通字太古號廣寧子初名璘號恬然金天眷庚申正月三日生、與譚王同受道、家巨富、志不苦勵、長眞玉陽激勵之、至岐山遇鍾祖、復爲發明、乃改名號、遊於趙魏間、修而成道、後留頌辭世、有太古集心經、道德經解及玄教眞言傳世、○

處一金皇統壬戌三月初十日生、受道於重陽、居雲光洞、修眞志行堅苦、道成大著靈異、度人逐鬼、踏盜碎石、出神入夢、召雨撼峰、烹鷄降鶴、起死噓

□金章宗璟
同光宗惇
同李后
十李道
△皇甫坦
紹熙
金明昌
同孔元措
△劉孝榮

枯不可殫述、至是應召至燕、金主試其術、以副宸衷、隆禮
加遇、嫉者飲之以鴆、乃歸寓入水池、洞而不死、辭歸隱去、
字玉陽號金陽子宥雲光集要異錄授於其徒 已酉春、金主雍殂、太孫璟立、允恭子爲
章宗、宋帝自高宗崩、即欲傳位以終喪、○至是退居重華宮、太
子惇位、爲光宗 尊帝爲壽皇、立李妃爲后、慶遠節度李道之
女、道帥湖北、聞道士皇甫坦善相人、乃出諸女拜之、坦見
后驚不敢受拜、曰、當母天下、及高宗召坦、坦爲言之、遂聘
爲恭王妃、至是立爲后、性極妬悍、高宗嘗曰、是婦將種、吾
爲皇甫所誤、庚戌春、改元紹熙、金改明昌、廷試舉人、是秋、金初
設經童科、時孔總卒、以其子元措襲封、辛亥春、宋行劉孝

榮所造會元曆帝有疾政事多決於后益驕恣壽皇徙南內責后后訴於帝禁帝不朝重華壬子冬帝因群臣極請始朝王重陽既得丘劉譚馬郝王孫已足七朵金蓮之數忽召諸子曰昔祖師授我偈言云人當生於忠孝之世今上不行其道我將赴約蓬瀛矣門人惶懼乞遺世語重陽曰三年前已題於壁矣汝等猶未省乎復宣曰

地肺重陽子。呼王害風。來時隨日月。去後任西東。作伴雲和月。為鄰虛與空。一靈真性在。不逐世人同。

誦畢奄然返真白鶴翔空青鸞繞漢仙儀冉冉高出雲端士庶官僚號呼瞻拜靡不讚歎師於昇遐之後瀞儀橋下

藏老　張公

談玄誘臧老之心。劉蔣溪頭、賜藥愈張公之病。或舞蹈於昆明池右、或吟詠於終南境中、皆以表其不死也。繼往文登縣作醮於五色雲中、見白龜甚大、皆有蓮花師端坐於上、神變無窮、不能備錄。東海西秦、勸化道俗。其長歌短詠、殆千餘首。目之曰全眞前後集、弁韜光集、雲中錄集、分梨十化說、皆明鉛汞坎離丹道、盛行於世。時孫不二於洛陽行化、門人請求道要、不二書卜算子詞示曰

握固披衣候、水火頻交媾。萬道霞光海底生、一撞三關透。

仙樂頻頻奏、常飲醍醐酒。妙藥都無頃刻間、九轉丹砂就。

其他題詠甚多。癸丑正月初四日、忽謂弟子時師眞有命、當赴瑤池、遂沐浴更衣書頌曰

⊙李大乘
⊙趙蓬萊
⊙韓清甫
⊙宋披雲
⊙郭復中

三千功滿超三界。跳出陰陽包裹外。隱顯縱橫得自由。

這回不復歸寧海。

跏趺而處順焉。香風散漫，瑞氣氤氳。馬丹陽亦傳道於李大乘、趙蓬萊、韓清甫、宋披雲、披雲得師秘旨。乃先成道。丹陽是日於寧海環堵中謂門人曰、今日當有非常之喜。輒歌舞自娛。俄聞空中樂聲、仰見不二乘雲而過。仙童玉女旌節儀仗擁導前後、俯謂丹陽曰、先歸蓬島待君也。丹陽與諸弟子敘談二鼓、風雷大雨震動、遂東首枕肱而化、是夜酒稅監郭復中聞有叩門者、啟視乃丹陽、索筆書頌、公

長年七十一、在世無人識、烈雷吼一聲。浩浩隨風逸

孔文遠
趙汝愚
寧宗擴
韓后
慶元
韓侂冑

擲筆而出曰吾聞此人能崇儒好道將居東海之濱以觀其盛焉比曉聞丹陽已逝方悟所見是陽神也所著金玉集漸悟集精微集及十化三寶語錄等集貫通三教囊括五行酬今和古託物喻人玄學珍之癸丑秋金主釋奠於孔子廟北面再拜以孔文遠襲封衍聖公宋使至金金人問朱先生安在使者還述詔熹知潭州壽皇有疾丞相留正率群臣請帝問疾不從皆慟哭而出甲寅夏壽皇崩年六十八帝以疾辭不出留正稱疾遁去帝臨朝忽仆於地樞密趙汝愚等請太后詔嘉王擴成服即位光宗子為寧宗汝愚乞召還留正立韓氏為后琦六世孫以汝愚為右丞相乙卯改元慶元后季父侂冑排斥正士引用奸邪安置大理寺丞

呂祖儉　呂祖泰　李元　秦保言

呂祖儉於韶州（夷簡之孫　祖謙之弟）改置吉州草履徒步賣藥自給、其從弟祖泰以布衣劾侂胄兄弟忠義齊名冬十月竄汝愚於永州至衡州暴卒（後諡忠定）、前諫議李元晉隱嵩山茅舍、冬寒當戶熾火有老人戴大帽子直入炙脚良久問曰知君有志頗能同去否因自言某秦時閹人被禍得道乃去帽鬆髯偉甚曰此皆山中所長也元沉思久之答曰家事未了更數日得否老人惕然而起曰公意如此遂出門去、元牽衣媿謝不可蹔止後日徧訪悉無其蹤聞南嶽道士秦保言勤於焚修通於神明曾白注生眞君曰上仙何以須紙錢有所未諭既而夜夢眞君曰紙錢乃冥吏所籍予

本山隱者
樂師
三妻
女

何須此明且保言之自後焚紙不化嶽中人益敬信李元遠來詣問保言云實無知本山有隱者不識其名姓因賣藥數往來於衡山寺或時四五日無所食僧徒怪之復來寄宿寺衆接敬甚厚會樂人將女詣寺其女有色衆欲娶之父母求錢五百千莫不引退隱者聞之邀僧往看甚喜將黃金兩挺整二百兩謂女父曰此金值七百貫今亦不論付金畢即將女去樂師時充官使倉卒便別隱者云其所居云去此四十餘里但至山當知也樂師夫婦事畢憶女往訪見一朱門崇麗扣問隱者與女俱出迎接初至一食不復覺飢留連五六日將還隱者以五色籍盛黃金

蔡元定
京鏜
金承安△
葉翥
倪思
儒運又之一大厄

五挺贈送謂曰此間深邃非復人居自後無煩更求也違命重往惟見山草烟雲而已李元閒是言拉保言請問樂師路徑虔往訪之一老坐林中笑曰故人才也元端視乃戴大帽叟殷勤拜見相與入山洞留居耳房養靜李泰發知世道如此雖聖賢莫能挽迴遂願終隱於此朱熹欲論侂胄之奸勇于感諫止不聽蔡元定請蓍龜決之遇遯之同人熹默然取奏藁焚之因更號遯翁丙辰金△改△承安△以京鏜爲右丞相葉翥倪思知貢舉稍涉義禮者悉見黜落六經論孟學庸之書爲世大禁削熹官竄元定於道州元定生而穎異父發以程氏語錄邵氏經世書張子正蒙授曰此孔孟

蔡發　尤袤　楊萬里　蔡沈

正脉也元定辨析其義登建陽西山絕頂忍飢啖虀讀書聞熹名往師之熹叩其學驚曰此吾老友不當在弟子之列尤袤楊萬里交薦於朝不起偽學之論興元定曰吾其不免乎及聞貶不辭家就道熹與諸子餞之座有泣下者元定杖履與子沈行三千里脚爲流血無幾微見言面三春陵來學者日衆或謂宜謝生徒元定曰彼以學來何忍拒之若有禍患亦非閉門塞竇所能避也君子坦蕩蕩小人長戚戚

呂祖詩詞往往皆言丹法而沁園春一闋尤爲全盡能出此悟人則築基採藥温養火候無不在焉矣

道化之不行於燕雲已久處機一至幽谷生春矣

玉陽法顯俗道無色猶盧醫術行而土醫忍飢被刺與被鴆一也其飲鴆不死則又等於果老之飲堇矣

重陽師弟俱以陽神顯現學者寧有不信

劉松年
郭禮
林椿
李嵩

道學興大儒去世　神威顯叛逆亡魂
貽書訓諸子曰獨行不愧影獨寢不愧衾勿以吾故遂懈
其志在須逾年忽謂沈曰可謝客吾欲安靜以還造化舊
物越王日卒著洪範解大衍詳說律呂新書行於世學者稱西山先生後贈迪功郎丁巳籍
僞學以汝愚留正必大爲首熹等五十九人皆著籍戊午
夏加侂冑以傅明年封平原郡王巳未春待詔劉松年遁去金陵人唐
彥廣之後彥廣遇唐若山曾言其後有於仙山得道者及金人亂移居錢塘師郭禮習畫工人
物山水藝過於師與錢塘林椿李嵩待詔畫院慶元初獻
耕織圖稱旨賜金帶至是謂同列曰正人皆去羣狐竄聚
朝堂尚戀此微職何哉遂飄然棄家入天台訪道數年後

有見其轎少輕捷是秋詔行統天曆時丘處機去燕遊齊
魯聞南州水患欲往救度路遇宋披雲知丹陽蛻化披雲
係有道字德芳號　佩諸階法無雲則興雲有雲能披雲果
黃房公洞陽人
遺故人稱披　受丹陽秘訣行二年能二其身謂處機曰聞
斗雲先生
龍川藍喬舉進士不第去隱霍山嘗吹鐵笛賦詩云
太乙庭前是我家滿床書史作生涯春深帶雨不歸去
老却碧桃無限花
遇踏歌狂者携之飛昇有見在洛陽長春曰莫羨他但勤
功行以待天待邀往江右廣東治水帝聞處機名召之長
春曰火運衰矣力辭不至庚申春詔復留正少保致仕後
榮

二袁侍郎

古言密旨、不可思議、

文公之設、傳因無師、指亦猜量矣、

葉賀生

皖似孔子

河崩山頹

謚忠宣、三月、故秘閣修撰朱熹卒、熹初遍叅玄學、曾遇風仙姑南唐耿氏女、其得何姑之傳、能揑雪戍銀、以濟貧乏、有求其術者、故作風顛之狀、熹問其道、仙姑以他語荅之、熹聞廬山崔子虛有道、往求之、崔曰、下之英華發外、文章理學足以傳後世、何必學此、熹迨衰病中荅袁侍郎曰、近者不挾他書、遂得玩叅同契、不得師傳、卒以無味棄去、而又酷好、今乃粗曉其義、姑借此納甲之法、以窮行持進退之候耳、寢疾、惟葉賀生蔡沈九人在側、既而改大學誠意章、為絕筆、疾且革、正坐整衣冠、就枕而卒、年七十一、後賜諡文、是日大風拔木、洪水崩山、諸生近者奔訃、遠者為位而哭、蔡沈主喪役、黃

木畏

二祝毋

◎李燔

並門功行亦不過此

◎劉爚

◎劉炳

◎張洽

榦主喪禮葬於建寧之九峯山下初有異人語熹曰此地龍居後塘其先生歸藏
之所手門人誌之、葬於此父松葬崇安、榦力學夜不談偈
毋祝葬建陽所著書數十種并行於世
熹曰直卿志堅思苦與之處甚有益因妻以女熹卒榦弟
子日成編禮著書朝夕不倦仕終朝奉郎世稱勉齋先生有集四十卷李燔初
見熹告以曾子弘毅之語燔因弘名其齋熹曰進學可畏
他日任斯道者也燔嘗曰凡人不必待仕宦方有功業但
隨分到處有以及物即功業也學者宗之、仕終直文華閣劉爚從
熹遊發明淵源道學以倡諸儒著禮記解、周易解等書行世、仕禮部尚書、謚文簡號
雲莊居士熹釋四書及傳易詩編通鑑綱目皆與劉炳字韜仲論
辯參訂、仕通奉大夫學者稱時堂先生所著四書問目、綱目要畧張洽自六經、傳註而

陳淳
林宗臣
李方子
黃顥
輔廣
嘉泰

下皆究其指歸諸子百家山經地志老子浮屠之說亦俱博。著春秋集註地理沿革諸作自少用力於敬義所當爲勇不可奪。仕終直寶章閣陳淳初習舉子業林宗臣謂此非聖賢事業也因授以熹所著近思錄盡棄所學而學焉及熹至漳淳請受教爲學益力。仕終安溪主簿熹謂李方子曰觀子爲人勻是寡過但寬大中要規矩和緩中要果決方子遂以果名齋居家竟日危坐未嘗傾側對賓客語不妄發黃顥性行端飭以孝友稱輔廣淳謹勤恪能發明師旨嘗著四書纂疏詩傳童子問熹門人甚廣知名者此數人耳八月太上皇崩年四十六在位五年是冬韓后崩辛酉春改元嘉泰臨安大火四日乃滅郢州道士

○張道清

乃蠻王屈出律

巴云初一日仙遊

張道清在九宮山修道有靈異光宗疾嘗召之以符水進即愈賜號眞君先是曾以離宮暖處月宮寒言於帝至是后崩火災始憶其言乃親書欽天慶瑞宮五字賜爲匾額道清上言今秋大旱當弛禁回天又言耶律氏將滅宜以荒亡爲鑒是歲西遼直魯古出獵乃蠻王屈出律伏兵擒之遼祀絶五主合七十七年壬戌泰京鏜已死弛僞學黨禁追復汝愚等官侂胄加封太師聞福州劉處玄講解經義癸亥春欲往問其道時處玄道成定力圓滿天光發明於二月六日鳴鼓集衆告曰韓子殺機正熾豈聞道者耶吾欲赴仙師之約爾等勿懈眞修遂曲肱脩然而解著仙樂太虛盤陽同塵集

上 辛棄疾

高麗王皥 玉鐵

開禧

夏李安全

間修眞文集六卷及道德經陰符演黃庭述留於世門人禮葬之長春披雲靈陽等
俱來會葬復分投化度佗胃遇長春曰人與仙同一死耳
何修爲丘曰嘻人死爲鬼人見懼之鬼死爲聻音積鬼見憚
之聻有罪則滅跡無形謂之還空仙者與道合虛謂之眞
空豈猶夫人之死哉佗胃稍省甲子春奏劉處玄羽化請
賜謚號輔化眞人浙東安撫使辛棄疾入朝言金國必亂
亡願預備兵儲爲應變計通使於高麗時王皥殂子鐵立
國事初定謝絕佗胃欲風勵諸將請追封岳飛爲鄂王先謚
武穆謚忠武復乙丑改元開禧丙寅夏興州都統制吳曦反以四
州獻金時夏國李安全廢主純祐而自立爲襄宗冬十月金

蒙古奇
渥溫鐵
木眞
聖武
阿蘭
孛完合
答吉
撒
孛合
赤

立吳曦爲蜀王曦受僞命具犧牲設俎豆潔粢盛親詣梓潼神君廟設祭神自唐玄宗時救駕封左丞相僖宗入蜀顯靈翊衛封順濟王宋祖興加忠烈仁武孝德聖烈王聖父聖母聖后子孫俱有封號并封佐神仙官及是曦甫行禮黒風驟起滅燭撤香曦震懼伏殿下有頃開明視祝板已碎作兩片衆識其不振是冬蒙古奇渥溫鐵木眞稱成吉思皇帝建元聖武其先有女阿蘭寡居漠北屢有光照其腹一乳三子長孛完合答普次孛合撒赤季孛端乂兒季之狀貌奇特沉默寡言人謂之癡母曰此兒非癡子孫必有大貴者其後蕃衍不相統攝各自爲部與畏羅乃蠻

神威赫赫

九姓回鶻故城和林接壤世奉貢於遼金而總隸於韃靼至乂兒九世孫也速該攻塔塔兒部獲其部長鐵木眞還次於跡里溫盤陀山而生子即名鐵木眞志武功也該卒眞幼部衆多歸於泰赤烏部眞與母月倫集部衆與戰大勝遂伐乃蠻太陽可汗敗死悉降其衆諸部皆歸大會於斡難河之原遂即位丁卯春金將議伐適宋斬吳曦不果安丙與楊巨源李好義傳曦首詣臨安是冬史彌遠殺侂胄戊辰改元嘉定追謚汝愚曰忠定贈福王召丘崈同知樞密院事未至而卒崈儀狀魁偉機神英悟嘗曰生無以報國死願爲猛將以滅敵彌遠爲右丞相以侂首畀金金主璟卒衛王永濟立

金主永濟　鍾將之　夏主遵頊　光定

己巳（金太安元年、吉思成四年）蒙古滅諸部、大侵金地、宋金陵判官鍾
將之上言金方有患、不當輸以歲幣、彌遠惡之、將之（字仲山長
沙人）罷官歸舟次巴陵南津、晡時一舟過、中有黃衣翁、風貌
奇峻、侍立熟視、仲山窺其蓬中無他物、惟船頭有累瓶罐
十枚、蓬前兩青衣童參差立、仲山意其必徑渡、僅行二丈
許、即回棹、而翁已端坐蓬後、視久俄失船所在、仲山始謂
為巨商、至是驚訝、翼且往呂仙祠拜禮、真像儼然、有兩青
童侍側、皆與昨見惟肖、自恨凡目不識、感歎無已、次年遂
卒、辛未夏主安全卒、族子遵頊立（為神宗、改元光定）壬申夏、安南
國王李龍翰卒、子昊旵嗣、尋卒、其婿陳日煚襲立、（李氏自公蘊八

□安南、
□李昊品
回陳日煚
、金
至寧
遼王耶
□律留哥
燕山佳景
如在目前
聞樂聲而
攫使非仙
品
胡沙虎

傳、凡三百金晚、耶律留哥取遼東州郡自爲遼王
二十餘年、癸酉夏至寧
五月蒙古敗金於縉山、鐵木眞聞丘處機名、俟取燕、召之
處機於嘉定初、與其徒及黃房築、復遊於燕、金主仍賜居
萬寧宮、每遊崆峒諸山、而玉泉之西湖環十里、荷蒲蓁茨
水禽沙鳥、隱映雲霞中、大房山爲幽燕與室、恒入其深處
數日不出、山東北有孔水洞、石竇澗二丈許、深杳莫測、嘗
有人秉火浮舟探之、隱隱聞作樂聲、攫而返、至是忽見桃
天地○ 別有
花流出人間、處機笑而不答、初遊夾谷、迎祥觀有栢已四
百年、忽偃仆死、處機扶而摩之曰、憐惜憐惜、遂復活、是秋
金胡沙虎弒主永濟、立昇王珣、章宗之兄、爲宣宗、改元貞祐」、蒙古進圍

金宣宗功
眞祐
眞德秀
岳珂
太微君

燕取涿州遣使召處機於房山貴房與十八弟子爲之輔行見於行營首以清淨仁慈爲對眞大喜甲戌春金乞和眞北還處機辭曰不日當候駕於此眞笑應而去金主徙都於汴求宋歲幣起居舍人眞德秀與劉爚奏絕金歲幣是歲岳珂飛孫霖子著程史成又爲辨誣集五卷天定錄二卷上之乙亥夏蒙古入燕金祖宗神御諸嬪妃皆淪沒宋以劉爚爲工部尚書諡文簡丙子春卒眞德秀爲江東轉運副使浦城人四歲受書過目成誦長字景元結廬嘉禾西山讀書著大學衍義於乾道辛卯仲春二日子正之時夢遊紫府朝禮太微仙君伊公得授功過格令傳信心之士夢覺功過條目歷歷

白善黑冠

白玉蟾　仙家才子　當白紛爾　舊振業　母氏

何等胸襟

明了默知高仙降臨不敢踈慢、乃披衣起整冠帶滌硯舒
機、花筆書之不一時而竟皆出乎無思於是罪福因緣朗
然頓悟、勤修白業遠離黑途△自號又玄子名廬曰會真堂無憂軒、閒瓊州白
玉蟾有道、欲往訪之、以事不果、玉蟾本姓葛大父有興福
州閩清縣人董教瓊州父振業於紹興甲寅歲三月十五、
夢道者以玉蟾蜍授之是夕產子母即玉蟾名之以應夢、
稍長又名長庚祖父殁繼亡母氏他適因改姓白號瓊琯、
天資聰敏絕倫、齠齔時背誦九經十歲自海西來廣城應
童子科、主司命賦織機詩△應聲詠曰○
大地山河作織機百花如錦柳如絲虛空白處做一疋○

日月雙梭天外飛

主司意其狂弗錄遂拂袖歸年十六專思學仙毅然就道。囊中止有錢三百初別家山不知夜宿何處鳥啼林晚忽忽揆止而已行數日至漳城衣服賣盡舉自無覩宿江村孤館月照蒼苔堦飄黃葉明朝早膳起程隨身只一柄傘矣至興化軍風雨瀟瀟送春時候赤骴髗存兩三文錢脚力全無滿身疥蝨到此茈然欲歸不得乃爭

餓旬餘

至羅源興福寺願搊身作僕未半月與主借作別值炎日

畢竟苦尋什麼

燒空石頭火熱赤脚奔馳肉流血汗蹤跡至劍浦荒郊秋雨無蓑笠可禦黃昏四顧難行借宿茅簷村翁不許挨立

金陵南侵屈於霸主敗於劉錡虞允文之時也後有文宗爲玉蟾有作一傳奇然必心善而有助焉

俟曉復行聞建寧人好善特往彼地求活通衢舒手誰憐乞兒、困入悲田院相混暫歇、上武夷山、道士叱爲其孤窮玷辱宗風、去閩至江右龍虎上清宮謁見嗣師、欲求掛搭、知堂嫌其襤褸、與以餿飯冷湯、直東壯渡江時淮西兵火、橫屍載道、野無草粒、轉南至江東、三伏炎天、避暑谷穴、無扇搖風、行入兩浙秋涼、漸侵雙臂、在武林天方大雪七日、朔風刮骨、幸精烈全身、猶自皮綻血流、夜棲古廟、香爐無火、紙錢亂飛、鬼嘯猿啼、殊爲慘切、回思畏日驅途、嚴霜卧覓千山萬水、碌碌空忙、人皆笑我風顛、未見些兒受用、乃自歎何日天開眼乎。淒涼泣下、復自慰曰、此大事也、切莫怨尤我生果有神仙之分前程自有師指。幸而天與殘生。受此飢寒。何足悲哉。自此或對月長吟、臨風絕倒、時年四十二淳熙三年、遊甬東海濱、遇陳泥丸見而憐之曰子治何事而來此玉蟾曰。為覓金丹泥丸笑曰身口不給奚暇求丹況離家非道豈必在外。得乎觀子衣裳破碎垢面蓬頭、能從我遊、當以眞金相贈。玉蟾會意、瞪視而拜泥丸自慶得賢攜歸羅浮、玉蟾懇求眞金師曰汝家自有。玉蟾再拜究問、師曰行持既久、片晌間結成心華一粒只此是丹之基萬論千經皆說此眞常道也、玉蟾意為容易不復進問請結茆於白雲深處靜坐鍊丹泥丸頷而不言、踰月知其心懶戲安往謂之曰勤而不慚必遇至人遇而不勤終為下鬼若此而修有何證驗子可更往外勤求玉蟾摸不着裏外痛癢處隨至菴師閉關不應玉蟾泣跪不起師隔楞語之曰且歷遊數年當於此俟子玉蟾無奈承遺辭行初至黎母山即遇神人授上清法籙洞玄雷訣北遊洞庭一夜大雨淋漓立待天明往看瀟湘八景倦而倚石夢入仙鄉微風送鵠聲過耳寤看御山紅日點頭暗喜上武當謁真武遇一道士云是北極驅邪院左判官與講行施符法復西入蜀之青城山明月松陰寒烟漠漠萬籟悄然作步虛一闋以自樂進訪金堂遇老道授度人經轉至巴陵村落瘟瘴

正作、鄉民見其夜行有光、來請符水治病、玉蟾無處摸索、依法本亂書雲篆、神將靈應、邪鬼驅捉、殆盡境賴、以寧夜行北邙山下草衰古墓月掩荒臺隱隱鬼哭不止乃展經朗誦一卷其聲旋寂、始知經符之妙、法威試施凶穢消散

周邵程張之後繼以朱子理學精微闡發靡遺滂流洋溢厥功過於諸氏自此而後更無隙地之虞矣文昌高證桂香而閱世念切時時降生福國庇民神明赫奕逆曦乃敢向毀庭邀福寧不觸元皇之怒乎坎宮在北眞陽發生之地也處機寄跡於此順時採取以歸丹鼎玄功益懋且房山尤為坎宮結穴之處而孔水洞之桃花春信更嘉候也盼絕歎絕

玉蟾武夷鍊眞年已六十四常人卦氣盡眞元竭三寶不能為助夫復何望乃玉蟾師由此成道非築基有素而能然乎學者但能築基則年雖暮而朝氣存得遇眞傳還丹可就

前後雲遊玉蟾苦　酒肉神通道濟顛

於是呼召雷雨馘轟精魔遍歷名山備嘗艱苦如是七年歸羅浮復命泥丸慰曰學者須如此辛勤方能任道也時癸卯中秋（丣古酉字丣形似卯故泥傳酉）天氣晴爽相邀遊於野外對坐談玄因以歸一論付之是太乙刀圭之說玉蟾奉事之暇即誦而默味忽已九年辛亥春雨後在巖阿松陰夜靜烟寒玉蟾思生死事大無常迅速稽首再拜曰玉蟾事師未久自揣福薄緣淺敢問今生有分可仙乎師曰人人皆可況於汝乎玉蟾曰不避尊嚴之責重伸借易之問修煉工夫願得一言點化泥丸憫其眞切懇摯爲之講明次第入

候。令其速鍊玉蟾。年已五十八（紹熙二年）。拜辭下山大隱鄽市急備金丹藥料用毒苦辛三年既得鉛汞相投入鼎烹煉恃平日天資當温養之時用心不謹不覺汞走鉛飛（險哉）無可收救。

作詩自解其慍

入兩日月精（是何物）半觔雲霧骨輕似一鴻毛重如千秤鐵白如天上雪紅似猩猩血（何象）收入玉葫蘆（何處）秘之不敢泄夜半忽風雷烱氣滿寥泬這般情與味啞子咬破舌（他人不能矣）捧腹付一笑無使心惱熱重整釣魚竿再研秋筠節

紫陽在天台遥知其事命童以金丹四百字授之教其關竅眞密玉蟾讀之悟分至沐浴之理複辨藥材重鍊極其

防危慮險方得丹成慶元三年時年六十四再入武夷癡坐九年然
後出山自號雲外子閩衆甫又號玉皇選仙神霄散吏文思汪洋灑落頃刻數千
言善草書亦善丹青嘗自寫其容數筆立就自讚云
千古蓬頭赤脚一生伏炁殘霞笑指武夷山下白雲深
處吾家　又題云
神府雷霆吏瓊山白玉蟾本來眞面目水墨寫緗縑
其丰神峻拔行諸階法雷即佩於肘間祈禳則有異應嘗
過鄱陽湖値日暮篙師議泊舟玉蟾剪紙月嘘於檣皎然
達旦前行無阻朝廷知之遣使至武夷已爲陳翠虛引往
霍童謁石紫虛薛紫賢二師甚喜相與講研丹旨玉蟾髮

鶴虛
金
興定

靈重安爐鼎再立乾坤之旨又進一層不勝欣喜是秋閏月作書謝紫陽翠虛復號鶴奴八十三歲尚是童顏自此隨處遊行濟人度世翠虛北至江陰時值收穫農家沙氏世喜佈施翠虛僞爲乞化見其盤櫳因歌頌曰

終日盤盤圓又圓中間一路大爲尊磨來磨去知多少箇裡全無斧鑿痕

戶內一少年趨出伏地求度翠虛知是道器留二日授以丹訣取名鶴虛謂之曰金將滅於宋宋歸於混元一炁然後子可出而行道期以後會於惠吾將入漳水而解遂南還鶴虛遵教修持丁丑金戊寅金圍淶陽孟宗政假息再興

十孟宗政 十孟再興 十許國 十趙方 子木華黎 史天倪 處於燕道 國有行在 十耶律履 耶律楚材

許國合戰走之金人懼宗政威名呼爲孟爺爺己卯冬京
湖制置使趙方使孟珙許分道伐金時蒙古師木華黎取
山東山西等處庚辰以史天倪權知河北西路兵馬事天
倪嘗開說於丘長春於是說黎曰中原粗定大兵猶抄掠
非王者除暴救民之義黎即下令禁剽擄遺歸所俘老幼
州郡成爭降附蒙古主有一天下之志遍訪賢才得遼宗
室耶律楚材楚材履子命處左右以備訪問楚材博通術數尤精
象緯以金天明律不應製庚午元曆上之常言宋之氣運
恭膺天命也南渡以下諸君猶是太祖之蔭德昭後亦當
興焉又言南北賢帥及金夏國主有災辛巳秋冬宋師趙

角端

夏主德旺

乾定

金哀宗

守緒

正大

崔與之

宋安丙卒。丙少從張栻學，守襄陽十年，應變如神，屏蔽一方。丙在川安撫，以攻為守，威功甚著。蒙古主以楚材為神見。壬午冬，西伐回回，滅其國，兵至忻都國鐵門關，侍衛見一獸，鹿形馬尾，綠色獨角，作人言曰：汝主宜早歸。蒙古主怪之，以問楚材，對曰：此獸名角端，日行一萬八千里，解四夷語，是惡殺之象，上天遣告陛下，當省此數國人命。即日班師。癸未春，木華黎卒。椎勇善謀，功為第一。夏主傳國於子德旺，為獻宗，改元乾定。金主珣殂，子守緒立，為哀宗。甲申春，金改正大。宋議乘衰伐金。禮部尚書崔與之以為伐之不祥，知帝將終，乃辭疾歸廣州。其在蜀善撫軍，民肖像祠之。是冬，陳泥丸歸惠州，浩然歎曰：帝王將相，皆有盡期，吾何久往於世。時玉蟾

蟄虛同至翠虛遊登羅浮觀日夜半即見金霞光彩太陽
旋出洶為巨觀翠虛歸而端坐作頌曰
頂上雷聲霹靂混元神出地無蹤今朝得路便去騎箇無
角火龍。
遂尸解徒衆議葬山南明日已化泥丸十二弟子不敢理
陳露於淨處後遇病者刮服悉愈有翠米悱道集行世蟄虛更名因道昭
嬰兒離母之故欲到青城山省觀乃居支提菴來渠玉蟾
留連未幾東遊於杭帝徵至對御稱旨命館太乙宮嘗與
衆泛舟西湖酒酣墮水舟人驚呼漫溺玉蟾出水面搖手
止之而没復見於海豊縣矣後至姑蘇來梅未竟而化
[illegible]

詹琰夫

施岑時

彭耜

延邀之去詔封海瓊紫清明道真人其至武夷時俗流未
之識與言不合獨山南詹琰夫異之乃重建止止菴欲延
以居真人為之作記以遊與未竟許其再來而所期之言
果踐今三仰峯九曲溪頭等處真人丹基猶存萬年宮道士施岑時幸嘗甄錄
授以九靈飛步章奏及太上紫樞王晨洞陽飛符梵音煉
科與五雷秘法乃親為陳過懺謝表奏天庭本宮道法至今猶得其傳
真人召衆話別坐而尸解惟升一鶴騰空而逝平生未嘗
著意著作而應酬題詠積久甚富舊編散佚其高弟彭耜
纂輯四十卷并撰其事實有武夷上清玉清等集指玄篇烏兎經鈞鎖連環經法淵秘寶
諸書以發耜字季益
明道法耜玉山人甫中舍後恬然不仕既師事王嶠庶

蕭廷之　理宗昀　皇子竑　寶慶　(四)洪咨夔　(五)魏了翁　(六)陸九齡

太乙刀圭紫霄風霆之文，所居鶴林道院，即號鶴林。日以孔老自娛，杜謝世交，惜以金丹大道授全真蕭廷之、（初名挺之，）字天來，閩人，道號紫虛，謂心靜專一，慈愍羣生，受傳後顯與杏林同號，改曰清虛。化度緣神異莫測，後鶴林厭世，徒之延至福州而化，崔與之素好道，在惠州得白真人玉液之傳，至杭尋師，聞帝崩於是秋閏月，在位三十年，壽五十七，彌遠矯詔立沂王誠貴（德昭九世孫，更名昀，）尊后為太后，同聽政，封皇子竑為濟陽郡王，（寧宗無了，）理宗立竑為子，即理宗，乙酉、改元寶慶，與之言其事於洪咨夔，之北史復弒之。洪與魏了翁真德秀極言濟邸之冤，以感帝心，丙戌春，贈陸九齡九淵九韶舒璘沈煥等官，諡錄張栻呂祖謙後裔、

㈠沈煥
㈡陸九淵
㈢陸九韶
㈣詩獜以
㈤孔萬春
㈥道濟
㈦李華
㈧瞎堂

六月、以孔萬春襲封衍聖公圖功臣像於昭勳崇德閣、三凡
十六 秋八月湖南淨慈寺神僧道濟坐化勅賜建塔虎跑
八 是僧 贊善大夫李華子、劬穎悟喜觀釋典二親去世即棄家學佛
從台州至臨安拜靈隱遠瞎堂爲師悟徹本來佯狂混世
飲酒食肉詩詞信口有深意市肆與之酒食獲利倍常寺
僧因其風顛無不厭賤呼爲濟顛迨遠公圓寂即棄靈隱
遊行湖土或療宦室危災或救紅櫝重疾無語不靈有邪
皆正後歸淨慈爲書記曾於夢中顯化謝太上皇后重修
太殿向四安山募木運至本寺井中冒起有以葷酒仰之
罪者則吐所夜之物悉飛走去年至六十忽不食葷酒平

夏主睍

十拖雷

◎陳寅

日朝臣有與詩酒盤桓者俱不信復置酒招之烹鮮爲饌
濟云可將去放生遂悉傾於水中雖焦灼斷尾無不鼓鬐
悠然衆益敬信是秋示寂舉龕焚化得舍利無數明日有
禪客附書與淨慈主僧云昨於途遇濟書記令寄來者曾
言蒙古暴虐佛國被殘今返台州令一佛子懲之主僧得
書愈驚其神時蒙古伐高麗伐西域伐金伐夏夏主憂悸
而殂其姪睍立丁亥蒙古執睍歸夏亡十一主共百九十年諸將爭
取金帛子女楚材獨取書數部大黃兩駝既而軍士病疫
惟得大黃可愈所活萬人蒙古入三關金人惟守河南鐵
木眞殂四子拖雷監國攻西和州知州陳寅同妻杜氏歛

紹定

陳和尚

蒙古太宗

窩濶台

藥死。戊子歲宋改元紹定，蒙古入金太昌原，陳和尚以四百騎大敗之，二十年來始有此捷。己丑秋，蒙古三子窩濶台立爲太宗，任用楚材，殷富治平。丘處機初住太極宮，攘災救旱，大顯玄風，爲北國輔相，贊翊諸人。至丁亥歲太液池竭，處機曰：其仕我乎。期於七月初九日作大慶會，升堂示衆，以生死事復勉之曰：凡今之士直以無爲若即自善於身，則功行何在？徒欲降世遊行，無益於民物，不如棲神巖谷爲眞靜也。當時聞者願敷宣斯言，處機怡然曰：

道德通玄靜　眞常守太清

一陽來復本　合數永圓明

頌異而逝，弟子殮葬白雲觀右，後以頌言次第命名，爲龍門派。有磻溪鳴道集、西遊

袁提刑　二十四代　張慶仙　二十五代　張可大　張成大　張天麟

記行世。其諸事蹟。及對纂詩頌。詳見慶會錄。未幾。有人見之於房山。衣冠如故。楚材歷言其默相於朝。太宗封爲長春演道主教大真人。命立像於葬側。每至誕日香火大臧。謂之醮九。以酬其功。庚寅春三月。宋鄱陽水溢壞民廬舍。袁提刑者請信州嗣師治之。時主教張可大伯瑀之孫。初景淵子慶仙。字紹祖。性愿儉。善飲數斗不醉。嘗遊張公洞。有井極深。戲以木葉投之。俄而水勢泛溢。有老人自井出。慶仙戒以毋爲旱澇而去。嘉定二十年。有道人來謁。禮貌甚恭。既去。慶仙曰。彼與我有約。當去。越七日。宴坐而化。子成大幼。可大父天麟攝教。寧宗賜號仁靜先生。未幾成大殁。以可大爲慶仙後。至是仁靜令其嗣教。年

○晏頭陀　◎劉純　十陳韡　二劉翱　二劉翔　二劉幽　二劉頷　◎樊靈樞　◎謝后　二謝深甫　二謝渠伯

二十適衣來請乃以符投水次震雷擊死一大白蛇水復故
袁爲詩以贈人俱傳頌汀邵寇晏頭陀行妖法犯建寧府
軍監劉純陳韡討平之純（中山靖王後十二世祖翱與二弟翔幽仕於後唐官建州因家）
（建陽至來有孫名頷收峒寇有功謚忠簡從孫韜謚忠肅純又韜之從孫也）幼嗜技術遇醫人
樊靈樞引入龍虎山學道樊臨行曰予將爲賢后開明故
待之耳純得張氏正法用以破寇（後封忠烈邵人廟祀）是冬帝立謝
氏爲后后（天台人丞相深甫之孫）蘖黑翳一目父渠伯早世產業破
壞后躬汲餁及選兄弟共送就道旋病疹及差膚蛻肌白
知玉又值神醫用藥去翳入宮端重太后賢之故立爲皇
鄧蒙古假宋道趙汴陳和尚召將士曰聞昔豫章太守賈

賈雍　金忠臣　金天興　速不台破汴都服

雍有神術出界討賊喪其元、坐馬囬營、胸中語曰戰不利
爲賊所傷。請君視有頭佳乎無頭佳乎。吏泣曰有頭佳。雍
曰不然無頭亦佳。言畢遂倒。然夏有臣耕唐有花卿今金
有和尚也、遂與拖雷戰於三峰、彼擒不屈至折脛劃吻。絡
無撓辭遂死、壬辰春金遣質請和、蒙古退軍、祉改元五月
汴大疫人死百萬、是冬拖雷卒於師後諡睿宗世祖皆其子、憲宗遣使
來議伐金、許以河南地歸宋、遂會兵伐金、蒙古速不臺復
圍汴粘罕勍宋高宗子賓朮之曾孫、癸巳春金主奔蔡州、臺執金后妃北
去、在道艱苦甚於宋、臺請屠汴民、楚材馳見勸解、得免。惟
取先顏氏戮之、九月蒙古以孔元措襲公封文宣五十一世嫡孫朱

【端平】聞之、詔修孔子廟。會蒙古圍蔡州、甲午春、改元端平、金主

【金末主】十【承麟】傳位承麟（爲金末主）、宋鈐轄孟珙入蔡、（宗政子、）守緒自縊死、承麟

卜【孟珙】死於兵、江海獲金參知政事張天綱以歸、金亡。（金十主共一百十九

千【汴海】年亡）獻俘於太廟、帝命以金主骨收大理寺獄、知臨安府薛

○【張天綱】瓊問天綱曰、何面目至此、天綱曰、興亡何代無之、金亡比

【宋金報服】汝二帝何如、瓊奏其語、帝詔曰、汝眞不畏死耶、天綱曰、患

○【薛瓊】死不中節耳、何畏之有。○請死、帝不聽、後莫知所之、或有見與一道人同遊於四

明山。天綱仕金剛直敢言。○哀宗敬憚之、居家好道、尊禮純陽

○【行童】畫像、時祖方遊四明金鵞寺、○顧方丈蕭然、○頃有童子出、祖

問何寥寥、童曰、莫道寥寥虛空、不首祖嘉其言題於壁曰

方丈有門出不鑰、九箇童兒露雙脚、問伊方丈何寥廓、
道是虛空也不著、聞此語、何欣欣、主翁豈是尋常人、我
來謁見不得見、渴心耿耿生埃塵、歸去也、波浩渺、路入
蓬萊山杳杳、相思一上石樓時、雪晴海闊千峯曉

明達

童識師有異、拜求開示、祖坐而告曰、開元末有明達師者、
住閿鄉縣萬廻故寺、悟明心性、善知未來、過客皆詣問休、
咎、達不少答、但觀其旨趣、曾有人問達、欲至京謁親、安否、
達授以竹杖、往則親亡、又有謁達者、達令乘寺中馬、使南
北馳驟、其人至京、除採訪判官、乘驛遍至、李林甫爲黃門
侍郎、居從西還、訪達加禮、於其有入而作相、李雍門爲湖

李雍門

城令達忽請其小馬擁門不與間一日乘小馬將出馬忽斃李墜而死自此問者日衆達遂狂顛避入長安玄宗夢人云將手巾五百條袈裟五百領於廻向寺布施及覺乃募緇流高道問之達欲警帝感而免亂乃出應召曰某知廻向寺處問要幾人曰但得齋待諸物及名香一斤即投之達還入終南行兩日至極深峻處過一澗石遂於其上焚所携香禮祝哀祈誠令聖梅心假香傳

麟蓋玄樞之精君行克脩一角五趾明四海共一主也馬孫丘王劉郝譚諸眞皆表表一時石薛陳白彭蕭諸眞亦皆淵源光續故學者能具仙基無忝眞師之不得重陽七眞各有傳人而龍門一派迄今特盛蓋丘祖輔世救民功隆澤厚故綿遠流長玉遂萬孫由此而開也

磨滅王

〇〇〇薩君言行那靈宮　〇〇〇余子寡愁感薑叟
自午至夕谷中霧起咫尺莫辨少頃漸散當半崖見一寺
若在雲間三門巨類諦視乃迴向也攀陟方到黃昏轉覺
分明聞鐘鼓及禮佛聲守門者詰從來畢始引入見一老
僧曰庳皐帝萬福令與人相隨歷房散手巾等唯一房空
稱無人違返問老僧顧侍者令取彼房玉尺入來曰其室
是汝國主房也因在寺愛吹尺八謫於人間限滿却歸又
問汝曾見彼胡僧否違曰見僧曰此是權代汝國主也名
磨滅王當亂時人死無算明日遣就坐齋曰可將此尺八
并餘手巾袈裟一分付汝主自收違禮拜回童子送出纔

◎賈妃

註賈似道

數步雲霧四合失寺所在矣回持諸物進上具述本末玄宗取尺入吹之宛似先所御者雖大感悦淫奢漸熾遂有僞燕之亂明達圓寂西歸如來以其爲人嘵嘵言事却不了自生死阿難昔爾有悲世心誠亦可嘉但居萬迴登迴向且復輪迴兩刼得遇眞師也今道緣在余義不可却乃以金粉令服之祖復雲步至臨安見張天綱如虽大夫行於江濱憐其孤忠引至四明令拜子期眞人爲師祖往他處雲遊時帝以賈妃弟似道爲籍田令恃寵不檢日縱讌西湖不返乙未春以眞德秀叅知政事是夏遂卒在朝不滿十年奏疏數十萬言皆當時要務昔有道者於西山結

曹友聞

曹友諒

姚樞

菴煉性一日行走語童子曰我去或十日五日愼勿輕動
我屋子後數日忽有扣門者童子語以師出未還其人曰
我知汝師久矣已為冥司所錄童不悟遂舉其軀焚之道
者旋歸已無及繞菴號呼云我在何處如此月餘聲不絕
適有老僧聞之厲聲曰汝說尋我說者是誰其聲乃止時
眞母方娠見一道者入室遂生德秀幼而穎悟長為儒宗
學者稱西山先生謚文忠帝以魏了翁同簽書樞密院事忌者言其知
兵乃命出視師尋復召還蒙古圍青野原知天水軍曹友
聞彬十二世孫救却之丙申秋復戰於陽平罔弟友諒戰死初
鐵木眞破許州獲姚樞樞得性理之學與特加重至是破

忒沒友　趙復　袁千里　蘇顥　薛守堅

棗陽忒沒友欲坑士人樞在軍中力辯得免繼援德安得
趙復復以儒學見重於世其徒稱江漢先生樞與至燕學徒從
北方始知經學時南豐袁勝昇化勝字十里王文卿之甥有斬勘雷
法舅舅舅氏往來江西誅邪治崇寓城中戴顥家顥性粗狂人以
爲蘇始師趙復既謂道學世所見惡乃延勝學法深得其傳
一日謂顥曰吾逝矣可焚我言畢而卒年百餘歲矣舉屍焚之
火熾烟焰中有蹟現金字曰雷霆第二判官袁千里隨烟
上昇郡人驚異爲立祠祀之值嗣師張可大入朝帝問之
對曰文卿乃臣高祖虛靖之弟子徽宗朝授侍宸遂解化
虛靖仙後西河薛守堅來訪道中途遇二道者謂曰虛

請侍宸已死、今嗣教者道法亦高、吾曾相識、當爲作書致
之、復授守堅以符法及水調歌頭一闋、以書一緘履一隻
令達臣家、臣曾祖守眞啟視乃虛靖親筆、由是告以秘要
帝復問守堅何如、可大對曰、守堅生於元祐庚辰九月二十王日、初學醫

全陽子

悞用藥殺人、遂學道、號全陽子、自離本山、大顯道法、嘗授
九州提刑籙、主鬼神功過、道經湘陰浮梁、見人用童女生
祀本處廟神、守堅曰、此等淫神、好焚其廟、言訖、雷火飛空
其廟立燬、後遍行救濟、至龍興府江邊盥手、以石含水噀 細行必飭
而盥濯、忽見水有神影、方面黃巾金甲、左手拽袖、右手執

湘陰王
靈官

鞭、守堅問何神、答曰、吾先天大將火車靈官王、久值靈霄

懲服神

十 潤端
四 劉銳
回 趙汝鄉

殿奉玉勅廟食湘陰以懲此方惡業自真人焚吾廟後相隨一十二載但候有過便復前仇今真人功行已高職隸天樞願爲部將以備驅使守堅與爲盟誓表達其情至漳州忽一朝諸神將現形環侍天詔召居天樞領位都天宗主大眞人應命而起其身立化今薩君弟子猶有得授符法嘗至本山叅較者帝曰卿家固道法之宗也賜鏝經費以刊行道籙真書可大酬歸曰臣將錄一猛將護稼驅蝗以福國庇民也是冬嘗古潤端自成都入文州守臣劉銳趙汝鄉固守援兵不至銳集家人盡飲藥死銳家素有禮法幼子纔六歲飲藥時猶下拜受之城破銳及二子屍不見汝鄉被

十五岳　嘉熙　十呂文德　十杜杲　十趙葵

執鑾殺之、浸江陵孟珙連破二十四砦蒙古侵眞州丘岳敗之、丁酉改元嘉熙魏了翁卒時卜居吳門下室於蘇舜欽滄浪亭之北以帝所賜鶴山書院四字揭於堂、閉門謝客學者欽之、贈少師諡文靖是冬蒙古侵安豐、池州都統制呂文德突圍入與知州杜杲合力捍禦蒙古敗去、文德、安豐人長丈許朱遇時蕩蘇城中趙葵見其遺屨長尺有咫異而訪之、留置帳下累立戰功成、成詔杲制置淮西、孟珙制置荆湖、己亥張可大入朝值錢塘潮決水及艮山門、詔可大治之投鐵符江濱潮即退又大旱、詔命醮於太乙宮可大召劉錡令張烏鵲蓋忽雨作蝗殪○賜號觀妙先生、重建眞寂殿、賜田免租稅、御書其殿牓

淳祐

微閭真懿觀三顱上之可大常爲歎曰劉眞人所言之與
巳廹奈何初蜀仙劉珍撤碑云後六百年北人當一天下
埋於梓山下唐胴廖巳卯歲現出遂立於山麓王是孟珙
見語將驗命踏之鑠城於山下山有天棕葉如荔枝葉而長紋如虫蝕篆相傳劉仙
所植辛丑改元淳祐追封周張程朱製伏羲堯舜禹湯文武
周孔顏曾思孟道統十三贊賜國子監宜示諸生燕京姚
樞聞之表請[illegible]校不報蒙古主性嗜酒楚材數諫乃勅
日進三鍾是年二月疾篤脈絕楚材言天下罪囚多枉宜
赦以祈祐赦[illegible]而脈復生子月楚村推太乙數言不宜田
獵遲出田五日崩而道殂年五十六壬寅春姚樞辭職携家避

余玠　乃馬眞氏　張渤　龍陽君　張媼

州之蘇門山誅茅爲屋置私廟四室中堂龕孔子傍列周程張邵司馬朱六君子像讀書其間衣冠莊肅以道學爲任刋小學四書諸經傳註惠後學者。癸卯春宋以余玠制置四州初玠家貧落魄無行亡命走揚州作長短歌謁趙葵葵壯之置幕府所向有功擢知重慶府因諸山爲城以守要害。時蒙古乃馬眞氏稱制專政楚材諫不聽憂憤成疾（爲相二十年家無餘財惟名琴圖書而已）甲辰乙巳宋因連勝謂神靈呵護之封國內諸神詔祠山靈濟王爲正祐聖烈眞君神姓張諱渤（字伯奇武陵龍陽人）父龍陽君與母張媼遊太湖之陂忽風雨晦暝雷電交作俄頃開霽媼見大神賜以金丹有娠（漢神爵三年生）

孛大人
柳氏
趙氏
五子
一女
八孫

月十一夜半生渤長而奇偉有神告以荒僻不足建立命行有獸前導遂與妻李東遊吳會渡浙江至苕霅因鶴山四水會流渤止而居焉於白鶴得柳氏於烏程桑坵得趙氏爲侍人有五子一女八孫始於吳興郡長興縣順靈鄉俊陰兵自荆溪疏鑿聖瀆長三十里志欲通津於廣德渤設鼓壇擊鼓則夫人饋食忽烏啄其鼓夫人至變形未及遂不與相見化於廣德縣之橫山夫人亦至縣東而化居民思之皆立廟祀天寶中禱雨感應贈水部員外郎改橫山爲祠山歷朝累封至寧宗朝加封八字王及是改封眞君百神感恩論助甲午春蒙古以兩淮爲攻德大敗之侵蜀余玠欺長國

勢稍振蒙古太宗卒後六皇后當國五年法度不一、內外

蒙古定宗貴由

離心、是秋貴由立、太宗長子、為定宗、聞孟珙卒、贈太師、封吉國公、諡忠襄、即分

嚴陽尊者

道攻江淮、丁未宋樞密使趙葵督江淮兵馬、初有嚴陽尊
者名善信、居明心寺、踞坐磐石、常有二虎一蛇、馴繞左右、
及沒、建塔於寺中、士民趨奉不已、葵惡、啓其塔、見髮垂至
踵、指甲過臂、仍令掩之、聽民入寺致禮、戊申春帝以無子、

孫貴妃

立慈幼局於臨安、收育遺棄嬰兒、己酉冬孫貴妃生一子、帝愛如

皇子敏

珍、但不哭而愍、帝復憂、因名敏、庚戌春以似道制置兩淮、

蒙古憲宗蒙哥

趙葵罷、蒙古主殂、辛亥夏諸王立拖雷長子蒙哥、為憲宗、命
太弟忽必烈總治蒙古漢地事、太弟聞姚樞有道、召之虛

史天澤已受言動必見詢議分道取淮蜀米以史天澤經畧河南
軍民大治壬子秋行會天曆封皇子敏爲逸王癸丑春以
孜爲皇子賜名禥帝母弟與芮子改元寶祐帝以四川被兵爲憂有
寶祐
余晦
言余玠失戎伍心以余晦代之玠聞命不自安一夕暴卒
故人
疑飲藥死蜀人哀慕如父母有故人見玠於青城山同一紫鶴
道者對坐石上前揖問之玠曰予方憂憤悶絶忽遇姚翁
奉鍾師命喚醒潛遁至此家入乃以死聞故人喜躍再拜
玠撫慰令去未數步回視已不見潛往余府報聞不復揚
余如孫
言甲寅夏詔籍玠家財以犒師賑邊玠子如孫遂認錢三
十萬徵之累年玠家貧及爲帥稍裕而無贓私之蓄如孫

賣薑翁

賣明

雖曲認磬竭家產終不能足欲丐助於趙葵而未能往官吏承風督責如孫呼夫號慟忽一賣薑翁踵門曰即君無慮官債不足償敢僅中囊授之曰貨此自可辦如孫疑之翁去還視所授薑皆黃金也驚喜貨於市有賈胡買之酬以數十萬如孫詢其所用曰此唐眞人冊金也能辟水火順年穀外所得之爲重寶如孫畢償所徵復以其餘置家是翁常荷擔於衢州賣薑且三十年顏髮不改一日遇道人於市曰吾有黃白之術求有德者授之翁未應但以薑一塊納口中少頃吐出則成黃金道人笑而去或追問之道曰余無垢子翁乃若水老仙也自後翁去湖南茲因玠

廉希憲　許衡　劉秉忠　海雲　趙葵

已入道故以金濟其子余晦屢敗召還忽必烈以廉希憲爲京兆宣撫使乃薦許衡召爲京兆提學不至刑臺劉秉忠義州潤之子英爽不凡家貧爲府令史因案牘不愜意歎曰吾家世襲衣冠乃汨沒爲刀筆吏乎隱居武安山爲僧於天寧寺往來雲中値烈召僧海雲雲邀與往應對稱旨秉忠尤邃於易及邵氏經世書精究經緯律曆三式六壬遁甲之屬論事如指掌烈凡征伐謀議皆與焉蒙古主欲建城爲都會之所烈薦秉忠相宅遂營開平府蒙古主親平宋命卜其行秉忠曰宋之國勢將亡主上南行不吉丁巳春趙葵爲少保京湖宣撫使似道誣帥臣侵蝕軍資

開慶　吳潛　景定　蒙古世祖忽必烈　中統　八思馬

爰罷職遂病卒葵父(衡山人)嘗夢南嶽神相降所生葵(字南仲)
丱角時即機警後為將相國家倚重二十年(諡忠靖)已未改
元開慶蒙古主聞葵卒自將伐蜀殂於軍忽必烈濟江江
淮州縣多降朝廷大震以吳潛為左丞相似道為右丞相
似道密遣使乞和烈班師與申改元景定烈即位(建元中統為元
世祖)以僧八思馬為國師主統天下釋門(年二十二)封宋有道為
通玄弘教披雲眞人主教事與八思馬並禮使使諭安南
高麗皆請降復遣使至宋尋盟時故相吳潛安置循州似
道復使人毒殺之潛既中毒謂家人曰吾其死矣夜忽風
雷大作已而果然四鼓開霽撰遺表整衣作詩有邀尋道

○王[illegible]化　○張宗演　○江萬里　○饒廷直

派楚江秋之句端拱而逝循人哀之潛曾與彭鶴林談道陰有所得故臨卒示異也癸亥夏四月信州張可大以印劍付次子宗演具表辭謝而已江萬里為之銘瘞劍於瑞慶觀蒙古主於去歲冬聞其神異密遣間使訣之可大授以靈詮且謂使者曰善事爾主後二十年當混一天下是秋有見與二友同行云將探源南嶽也初有饒廷直字亮公南城人登進士嘗過黃鶴樓聞弄笛聲尋求遇呂祖賜靜功秘訣不欲仕不近妻妾脩然端居無為祖復至曰且遊南極當再世得聞妙理廷直無病而逝及葬舉棺甚輕呂饒路遇可大相邀偕往遊衡山絕頂蘆蓬中二道者遜坐敬問云南渡時有道長藍養

素入嶽云巳得大還丹懷胎既久在此温養善㑹得以尊
之前有李玉谿奉海蟾翁賫來十語乃撫掌大笑頂門霹
靂一聲而化敢求指教呂祖曰九年火候直經過忽爾太
門頂中破真人出現大神通從此天仙可相賀此則金册
大事畢矣祖與饒張分手先去二道於菴中立位曰嶽山
長笑先生甲子三月為玄帝生辰衛嶽觀道衆設醮禳猫
有懷孕尼至觀求宿衆惡其穢令宿門外中夜聞嬰兒聲
乃尼産焉次早抱孩欲入醮壇觀看衆拖曳逾時尼擲其
道戲中育趣音
孩鮮血滿地尼飛入空中視孩則葫蘆血則硃砂也是秋
篓出柳劉秉忠譖奉至將殂請定都於燕京詔從之都決

興府改元至元拜秉忠為太保冬十月宋帝寢疾太醫奏能治詔草野有能療治者白身除節度使卒無應者御香江州瑞昌縣呂公泉之漢遣使以香帛往取泉在會道觀嘗有道人求掛搭無包傘僅二笠值堂鄙之道人曰覔二茶即去值堂取茶出惟遺一笠於地亥數人人為戊邑傳言口口在西南

上陽子曰投胎奪舍知五祖之投周氏胎者猶望再世而修緣有道信為能不昧故也否則一失人身則萬劫輪迴矣

人心一動神必知之一念不愧屋漏方可遠於天德故薩祖一念尋真虛靖即現身傳法其感通捷於影響足知操心守志乃入道之基至德感生君則誠無不格矣余玠除王夜父具降魔手段平仲來度蓋喜其道器不獨憐其忠梗唐仙金濟如孫是憫孤窮而施惠澤尼而孕奇矣孕而產欲入醮壇又奇拒則擲嬰賤血吏奇至視即葫蘆珠秘則愈奇道衆雖庸能不徵惕自勉

○度宗禥　咸淳　○全后

○宋末忠良俱守道　○家亡母子且爲僧

眞堂不能舉、姙大駭、會衆諷經謝罪、舉其筮地有呂字乃知爲呂仙有病者取土煎服即愈數年遂成一井水泡常結呂字劃開復聚、內侍取歸、帝已崩矣、在位四十年、壽六十一歲、太子禥即位、爲度宗　乙丑改元咸寧、丁卯春立全妃爲后、帝詣太學謁孔子、行舍菜禮、舍音釋祭名、不用樂、以顏曾思孟配享、升顓孫師於十哲、己巳冬、呂文德疽發背卒、庚午春叅知政事江萬里以襄樊爲憂、屢請益兵往救、似道不答、遂求去、蒙古平章政事廉希憲聞之、曰、奸相擅政、蒙君國社不亡何待○蒙古主嘗令受入思馬戒、對曰、臣已受孔子戒、主曰、孔子

㊀文天祥字宋瑞廬陵人嘗讀書府城東南文筆峯下聞泰和武山北昔有陶皮仙室二仙隱此辟穀居者遊者若始靈則虎豺隨至㊀

亦有戒耶曰爲臣盡忠爲子盡孝是也又可方士請鍊大丹令中書給其所需希憲奏曰前世人主多爲方士所惑堯舜得壽不假靈於大丹也主善之時似道恒以去要君帝命草詔留之直學士院文天祥不從似道諷別院爲之天祥遂乞致仕是秋襄樊圍急似道日坐葛嶺起樓臺延羽流塑已像其中酣嗜寶玩建多寶閣大設雲水齋有二道入座唆飲太過狼籍倒地家人舁之搜以出則劍囊琴囊也衆以眞仙降臨爲慶明日似道與諸姬倚樓閒眺有二羽士乘小舟遊於湖一姬稱其美似道曰當留納聘命下僂有頃令人捧一盒喚諸姬至前啟視則比姬之首諸

沙仙松江登天柱岡有清水巖甚奇容數百人深不可測鼠飛巖下注入在穴中天祥乃持燈入行約十餘里聞撤衲聲始返

賈姬

姬股栗聞者報有衣黃白二道者求謁賈令勿通閽者甫出二道已突入半閒堂二道曰吾聞相庚休休有容爲貴何訑訑拒人乎因在四明會請道德真詮偶憶舊遊地是以進謁敢以一詩呈獻

平章威福極禎殘社稷傾危爾自安促織半閒方鬭罷

朔風吹徹木棉寒

似道以含譏諷欲喚人拘禁白衣曰恬寵戕善將使半壁河山盡遭腥穢難逃陰譴尚敢傲慢如此我吳都督周此闕內侯嵩也黃衣曰福盡時當罹虎口堆惜汚我山靈耳携手昂然而出家人莫能近似道氣塞有頃姬履失去似

道開博古客曰開府劍俠極盛有車中女子督諸少年君可言其詳客曰開元中吳郡有一應明經舉人至京閒步坊曲逢二少年著大麻布衫一揖而過色甚卑敬然非舊識以爲誤也後數日又逢之揖曰方欲奉迓舉人雖疑怪强隨抵數坊於東市小曲有臨路店數間堂中列筵整肅少年引升繩牀坐更有數少年禮頗謹數出若佇候狀午後方云至矣有鈿車直入捲簾見一女子年可十七八容殊佳麗諸人羅拜女不答舉人亦拜女乃答遂升牀坐命諸人侍坐隨來亦有十餘後生各設拜列坐於下陳饌精潔酒數〻女曰聞客有妙技得觀乎舉人惶謝未學女請

熟思舉人曰、向在學堂著靴於壁上、行得數步、女訝爲之
贊曰亦大難事、頗諸後生俱起呈其技、有於壁上行者、有
手撮椽子行者、輕捷如飛鳥、舉人拱手驚懼不知所措、女
子起辭出、舉人恍恍告歸、經數日、途中復見二人曰、欲假
盛驄可乎、曰唯、明日聞宮苑中失物、掩捕失賊、收得將獻
物之馬、追驗馬主遂收、舉子入內侍省勘問、驅入小門、吏
自後推之、倒落深坑數丈、仰望屋頂一孔、纔開尺餘、自旦
至食時、見一繩縋一器食下、飢急取食、繩復引去、深夜忿
惋無訴、忽見一物如鳥飛至、乃向所遇女子、撫舉人曰、莫
在無慮、以絹重繫其胸膊、一頭自繫、聳身騰上、飛出宮城

趙道姑

韋十一娘

鄭子

伯子

數十里乃下云君且歸江淮舉人潛竄乞食歸吳女子北齊高氏與河內趙道姑同師中條孫老得授劍術此道不起於唐亦未嘗絕於宋長安韋十一娘家貧攜寓平涼父亡嫁同里鄭氏子母又轉嫁去鄭子喜俠游屢諫反目政和間往邊上立功竟無音耗伯子不良每以言語調戲韋正色拒之因憶趙道姑自幼相愛況有道術可傳只索去投姑欣接納云山中有菴挈登一峯巔有團瓢可住教其法術至暮姑揮下山留韋獨宿戒曰切勿飲酒及淫色韋思深山中焉有此二事更餘有男子踰墻而入貌絕美韋遽起問之不答男子直前擁抱叱不肯從彼求益堅韋抽

◎孝母書生

◎張弘範

刺彼擊彼亦出劍相刺甚精利、韋知不及、棄劍哀求曰、妾命薄久厭塵心、何忍亂我、且師有明戒、誓不敢犯、彼以劍加頸過從、韋引頸受之、其人收劍笑曰、知子心不變矣、韋視之乃趙姑也、從此盡受其術、姑復遠遊、韋居山上、時入城市遊行、關中盜賊剽掠不敢少犯、犯則夜必失首、雖千里外莫有違其命者、稱曰韋家娘子、皆知其踪、故得而聞也、似道竦懼、自後嚴加護從、公墐稚川因觀南北氣數、偶遇賈賊、數其罪、續姬首携至汝寧、配一孝母書生、二仙知南運將殘、北投蒙古劉太保家、劇論國之興衰、兼忠師其說、辛未仲冬、請改國號曰元、取易乾元之義、呼夫為統、格以張弘

空如禪師 範守萬山城襄樊道絶有空如禪師初父母迎婚以刀自割其勢後成丁徵庸課遂以麻蠟裹臂火爇之成廢疾人陸渾山坐蘭若虎不暴山中偶見野猪與虎鬬以藜杖揮之曰檀越不須相淨即分散壬申師問開至襄郢宋制置

李庭芝 張順 張貴 使李廷芝募民兵部轄張順張貴俾爲都統犯重圍救襄空如憐其忠勇暗地爲誦穢跡金剛神咒（即鈴杵菩薩虔持億兆遍者能倒海殺山祛邪治病）

穢跡金剛 順中四創六箭貴被十創執之不屈死時皆無畏懼狀、是咒力也、民立雙忠廟、癸酉春元陷樊襄宋以汪立信制置

汪立信 京湖荊州民張仕政覘知市門監俞叟隱有道術潛往拜

張士政 求叟念其誠懇乃教其法叟忽欲南去士政設酒果餞之

王潛　呂生

雨夜對酌因叩其從來叟曰予名雙曾學道於四明山師華子期先生歷遊人間唐尚書王潛節度荊南時有京兆呂氏子以親遠謁潛不爲禮寓逆旅月餘窮乏益甚鬻所乘驢於荊州市予見其往來召問之呂生曰世家渭北貧苦未達無以養親府師公中表丈也不遠而來冀相開卹乃不一顧命也予曰某亦貧者無以賑急今夕可泊吾家下晨宿食之敬呂諾之既延入排簷破牖致席於地所食陶器脫粟坐語夜深謂曰適聞其忘舊甚不平爲子設一術以助歸糧遂覆一缶於地有頃啟視一紫衣人長五寸許揖曰小潛也呂熟視酷類乎因戒曰爾中表姪以貧

軍人

故自輦下千里而至爾宜厚邺以展覯覯何特貴志故如
是耶潛傴而揖若受教之狀予曰吕生無行貲可致一馬
一僕縑二百匹潛又傴揖復覆以缶再啟已無矣及旦促
其歸寓潛果使人召之方見即謝曰屬軍府務殷未果接
言深用爲愧始館於驛亭與宴遊累日將戒途贈以僕馬
及縑二百吕復來謝不見予常晦跡於此作鬧者遇兵亂
即去今將復爲兎蹶之場聞信州張嗣師道行拔萃故欲
訪耳投後華四明可會予也於是士政行接骨科時有軍
人傷脛求治士政飲以葉酒一盃以刀破肉取碎骨一片
大如兩指塗膏封之數日如舊經二年餘脛忽復痛來問

何謾謂曰前所出之骨着寒則痛可遽覓也乃獲於床下令以湯洗貯以架中痛即愈一時公卿之子弟每與遊狎或祈其戲術士攺取草一掬再三揉之悉成燈蛾飛去又畫一婦女於壁酌滿杯飲之酒無遺滴女面赤半日許後謝別隣友往南尋師去甲戌夏信州上饒旱守臣唐震請龍虎山嗣師宗演祈雨宗演字世傳號簡齋可大次子登壇而雨四郊霑足震禮謝宗演還山江萬里與嗣師有誼罷相居饒嘗携震入山問國事并已之終身師曰持身以正雖死猶生歷此坎險當優游清福也遂授以出世訣復以氣數為問師笑曰不越五年連易四主二人點頗而退是秋帝崩在位十年壽三十五似道

現身說法可以醒世

伯顏

立嘉國公㬎年四歲爲嗣帝謝太后臨朝稱制封兄昰爲吉王弟昺爲信王天目山崩水湧民溺者無算周葛謂秉忠曰南方多水火將滅矣○但公年不能過甲子見天下一家奈何今將往池州不及再晤遂別去秉忠危從至上都居南屏精舍危坐無疾而逝年五十九元王驚悼贈太傅趙國公諡文貞祭酒許衡致仕還懷孟簡絕人事常居山下課僕耕墾居家夫婦如賓○喪葬一遵古制不用佛老○懷孟化之○旁舍有僧德公年百餘歲○嘗謂其徒曰老僧苦行百年亦不能作佛○徒爲不孝之人○蓋見祖宗於地下○願爾等還以壽爾嗣○自是不復受徒蓋感化於衡也元主命史天澤伯顏南侵召諭曰汝能不殺是吾

張世傑　李立之　德祐　趙昂發　雍氏

曹彬也天澤疾卒、眞定人、高八尺、聲如洪鐘、勇力善騎射
忠亮有大節、出入將相五十年、為開國
元數子入人皆駭官、人以、　元
汚子儀年七十四、諡忠武、伯顏攻郢州、都統制張世傑張
柔從子、力戰莫能近、伯顏去圖郢州、下之、因撇下信州諸
奔宋、
都規取荊湖、人心惶懼、宮中皆震、帝幼冲驚而成疾、召醫
李立之視疾、以湯劑進、即愈、厚賜金帛、立之臨安人、以小
兒醫擅名、有嬰患
瘠、立之以衾罨兒、乘高投地、兒大驚發聲、人問之、乙亥春、
曰、此乳搐心也、非藥石所能療、其術之高如此、
改元德祐、似道師次蕪湖、請和於元、伯顏不許、狗池州通
判趙昂發死之、妻雍氏亦死、遺書几上曰、
國不可背、城不可降、夫婦同死節義成雙。
伯顏命合葬、祭其墓而去、一夕風雨大作、墓裂棺骸飛見

〇其屍周葛引入武陵桃源、元人盡陷江淮諸州、知饒州唐震不屈死
之、故相江萬里居饒、疊芝山後圃、扁其亭曰止水、及城破、
謂門人曰、雖不在位、當與國為存亡、遂赴止水死、〇左右及
〇江鎬
子鎬相繼投沼死、江西都統密佑迎戰被執、怡然就死、〇士人
密佑
立廟祀之、江南諸處守臣或降或遁、惟臨江知州鮑廉死之、〇元
謝枋得
暑安仁、提刑謝枋得命張忠孝與之拒戰、累日中流矢死〇
張忠孝
元兵入城、夜半東南鼓角聲喧、喊呼若千萬軍馬、星月下
見忠孝白馬雙刀、雲霧中馳驟、皆羅拜謝、乃隱、後士人見其持
刀走馬、長恨不平、乃爾
立祠祀之、懿著靈異、〇張世傑師復饒州、〇勤王詔至贛
提刑文天祥起兵、吉贛郡中豪傑結溪洞山蠻入衛、〇汪立信

○鄭虎臣 ○趙溍 ○○長水法師

閒似道潰遁乃置酒召賓僚與訣手自爲表懍慨悲歌扼
吭而絕江東皆降於元部世傑總督諸軍進復平江常州
廣德時二星鬬於中天一星隕元克溆市城都統孟珙弟
監鎮司馬夢求死之（光五世孫）六月朔日食旣晝晦如夜詔似
道循州安置會稽鄭虎臣爲監押暴行秋日中窘辱備至
至漳州木棉菴拉殺之時冬十月也元破銀樹東霸趙溍
死之○子璿嘉興長水法師有道行誦華嚴經跏趺而寂以兩
缸合之葬眞如寺元兵至秀州發見手爪繞身復瘞之宋
以枋得爲江西招諭使經鉛山分水嶺憩辛棄疾墓旁僧
舍有疾聲大呼若鳴其不平者自暮至丙夜不息枋得祭

李芾　尹穀　鄭冊　金柔　鄭冉

術作文且且祭之文成而始寂奏於朝贈少師諡忠敏　元自廣德趨
獨松關守將皆遁丙子春元克潭州提刑李芾闔門盡節
知衡州尹穀爲二子冠乃舉家自焚湖南州軍皆陷天祥
乞命吉王信王鎮閩廣太后從之伯顏軍次臯亭山欲執
政面議乃拜天祥爲右丞相往伯顏拘之入臨安收圖籍
封府庫屯兵沙上民舉其水至必淹而江潮三日不至伯
顏以太后帝等北去知潭州鄭冊好黃老之術常齋爲之
與天台道士金柔爲方外之友因有疾見女仙三百餘人
云來迎公冊乃命設饌焚香炬燭邀兄冉同向空禮拜冉
與左右人皆無所見明旦又有如陽官者來催曰員外緣

但見絡繹遽登簿冊數以酒果吏曰員外受職在六月朔視事是日午時復當奉迎至期早膳時金柔適造省冊與

居中

共入淨室柔爲說前事言唐有高雅之士鄭居中居襄漢間好道術遇張山人多同遊處人但呼爲小張山人不知其所能入京除中書舍人不就開成二年春往東洛嵩嶽携家僮三四人與僧登歷殆遍淹止數月晚至一處林泉秀潔愛甚忘返會院僧不在將宿遣僕張燈爇火求取筆

僕僮

硯似欲爲詩操章之次忽燈滅一僮在側聞主人仆地聲喉中氣粗有光如雞子遶頸而出遽吹薪照之已不救矣紙上有四字云香火願畢畢字僅不成後謁內者及獵人

阿鹿

室人

時見之如遊泆之狀此蓋逢命能捨家借術以避世耳今復得爲刺史道心不眛必了大事也冊大悟空中忽言受牒身一道冊引手接得自開封以筆押之又青六字謂使者曰以有前約的不逾時便言時至揖別柔司幸囑家人予向接不令閉却四門不用汞殮玉殉乃催僕阿鹿作蒸餅唯六七碟脯餓云六押衙來迎矣冊跪拜再三便低頭不語家人走報冉及室人形體温軟顏不改柔慰衆曰接莫詰云有陰德及敬佛信仙皆此例品格蓋多

名花嘉果、吉士令終桃源爲古避秦地昴發夫婦至彼言及興亡彼中人應增一番感慨天師道德金人崇重至是元主復深拔標寧曰祖宗遺

釋良由幽述術人

蘇猛
蘇子

丶○元混一訪數皇極△○○河源窮得錄傳燈
今得此善化知公之潛化之跡虛無之位其昭昭乎冉遂
依言殮葬柔知此地不宰未幾亦化去丙子閏月天祥亡
至温州奉是開府福州時羽檄倥傯泉州晉江有巫陳寨
者漳州逆旅蘇猛其子病狂醫莫能療乃請陳至蘇氏子
戟手大罵寨曰此疾入心矣令立壇於堂中戒毋竊視至
夜將蘇子劈爲兩片懸堂之東壁其心懸北簷下寨方在
堂作法所懸之心忽被犬食去寨求之不得乃持刀宛轉
於地出門馳去主人不知謂其作法耳食頃提心而入納
於病者之腹披髮怒叱腹縫遂合蘇氏子既甦寨連呼遞

鋪遞鋪家人莫測其日有驛吏持官文書以次傳授將近前鋪忽死於道旁寨取其心殼而安蘇子之神復連呼以聲之前鋪吏聞呼聲出收符牒往報其家昇去汀州雞籠

王中正

山有王中正郭祥生上官道人曾遇赤松子於天階山得

郭祥生

道辟穀又遇梅福授以丹訣至是上官白此地漸不寧矣

上官道人

吾將遊於南寧王郭曰當同往上官遂作偈而化

處跡紅塵五十八混世獨存今始沒時人若問吾歸處
掃盡雲霞一輪月

王郭亦同日坐化既離閩至南寧聞有羅秀眞人上昇於羅山因訪其遺踪得晤於逍遙山洞共談道德眞人設席

端宗昰 景炎

相待侑以鼓樂山下亦有問者欲尋路上而洞口凝結雲霧不得入時三仙遊於新寧山亦有獅子巖洞口寬數丈二石蹲踞如獅稍入邃曲空曠奇傑萬狀再循一隙則亂乳懸崖迥非人境恍而居焉是夏宋臣奉昰即位爲端宗改元景炎封昺爲衛王天祥開府南劍州經畧江西元主廢帝㬎爲瀛國公尋爲僧全后亦爲尼同棲正智寺止留番豁宮人爲侍元人分道取閩廣世傑奉帝航海走潮州元人入興化軍參政陳文龍被執指腹曰此中皆節義文章也可相逼耶遂不食死母亦死之丁丑春帝在惠州之甲子門奉表請降元主爲宋既平因憶信州張可大之言有

陳文龍

陳母

王世英
蕭郁
張留孫
楊璉眞珈
歐陽氏
道生
佛生
環生
二女

徽聞其嗣宗演亦有道術遣兵部郎中王世英刑部郎蕭郁齎詔召之勅廷臣郊迎待以客禮入見顧問道法稱旨六月命醮内廷復命醮於長春宮賜玉冠玉圭授演道靈應冲和眞人之號給二品銀印命主江南道教事俾自出牒度人爲道士詔諭江南復宮觀賦役即京師刱崇眞萬壽宮勅其弟子張留孫主之賜宗演馳驛還山又以西僧楊璉眞珈主江南釋教是秋元襲天祥其妻歐陽氏子佛生環生及二女皆被執天祥與長子道生奔循州元襲帝於淺灣世傑奉帝奔井澳帝得驚疾徽兵於安南時陳光昺卒子烜立奉貢於元不肯發兵元畧西南諸國皆降戍

尚玉

陳日烜

宋帝昺

祥興

㊃陸秀夫 字君實鹽城人崖山破元驅盡子於海中

㊅白鷴 為日南後宋張本

寅元以張弘範爲都元帥帥師入閩廣夏四月帝崩於硇洲年十一群臣欲散陸秀夫請立衛王昺適有黃龍見海中改元祥興以秀夫爲左丞相與世傑共秉政遷帝居厓山有大星南流隕海小星千餘隨之聲如雷數刻乃已加天祥少保信國公時軍中大疫子道生亡閏月弘範襲執天祥固請死不許世傑與元戰兵潰秀夫負帝赴海死御舟有一白鷴奮擊哀鳴墮海以殉弘範兵退世傑得帝屍與端宗葬之散潰稍集聞逸王敏之子在廣隱於民間貿易謀徒立之颶風大作世傑登柁樓露香祝曰天意欲滅趙氏耶颶濤愈甚舟覆而死諸將函其骨葬香山皆散去北宋九帝一百六十

元混一　祝泌　祝子孫　傅立　孛羅　宋益

年南宋九帝一百五十二年。共三百十九年。元始混一。訪求通皇極數者鄱陽祝泌子孫同其甥傅立持泌書上之。建司天臺於大都。召諸軍還天祥痛恨不食八日猶生。至燕丞相孛羅召見天祥長揖欲使跪不屈因之作正氣歌以見志。元帝勅明年正月朔建醮。復召張眞人主醮。與辰夏番禺諸處久旱不雨經年。居民禱於顯應侯廟不應。晉青州宋益為番禺刺史。後棄職隱黃梅之黃龍洞有道術。能役鬼神救疾疫。破而為神。民見其出入導從如平生。乃為立祠洞前。凡禱雨屢應。唐封顯應侯。宋加封靈濟昭德顯應侯。至是禱之者再不應。有司上聞。元帝加封惠蔭善濟顯應侯。祀之遂雨。

甘英

都實

秋七月遣使歷江南名山訪求高人且命持香帛詣龍虎閣皂三茅皆設醮詔窮河源自張騫班超而後唐使甘英出鳥鼠同穴西南望崦嵫下有虞泉日入處由安息抵大海知太秦國又在海西數千里五代史契丹常遣人北窮所止然四海之畧猶未考鏡遣緯使盖遠招討使都實受命行四閱月始抵其地歷大小雪山登靈鷲峰觀天竺諸國上朝雷音寺徧遊叢林有五百餘衆沙門或於禪房定坐或於巖壑逍遙見一老僧獨立高岡東望都實趨問僧衆名目羣集何事老僧曰佛誕將臨齊候如來說法聽講後各自遊方行教其名氏宗派不可殫述但若燈光相屬枝葉相承耳喚侍僧目連計在山諸佛菩薩大士尊者禪師和尚以及居士尼僧悉錄

四

六佛寂寂無爲
現在治世

與之目連應命歷叙原流有頌而成

毗婆尸佛過去莊嚴劫第九百九十八尊、尸棄佛第九百九十九尊毗舍浮佛第一千尊、拘留孫佛見在賢劫第一尊、拘那含牟尼佛第二尊、迦葉佛第三尊、

釋迦佛賢劫第四尊、彌勒藥師接引觀音準提勢主鈴杵已上常助

佛說應化法者。○聖賢、文殊普賢天親菩薩維摩大士善財須菩提

無厭足王舍利弗鴦崛摩羅賓頭羅須達多障蔽魔王托

塔天王那吒太子韋馱四金剛哼哈二將伽藍揭諦廣額

屠兒秦跋陀金陵寶誌雙林善慧南嶽慧思泗州僧伽闍

鄉萬迴天台智者豊干寒山拾得明州布袋法華志言扣

氷滦先古佛千歲寶掌懶殘法順大師清涼澄觀國師、圓

通淨照楞嚴因禪師樓子和尚神照本如四明尊者上竺圓智詮悟護國此菴元公期和尚福州東山雲頂燒菴婆子趙州法堂婆子雙溪布衲如處州法海立幽棲禪師魏府老洞華嚴蜀太瘤僧歐陽永叔文潞公居士鹽官會下主事僧元曉修雅文通慧鳩摩羅炎羅什佛圖澄道安慧遠慧特竺道生康僧會竺法蘭摩騰善慧普靜阿專渾羅壽支謙支遁法柳大度僧涉雲隱曇雲華首陽金剛三藏嵩杜多裴頭陀玄奘悟空小釋迦青蓮華嚴等是皆常侍受教佛於初利天演華嚴經八十一卷龍華海會講金光明經七卷秖園會上說心地觀經十卷瑜伽會上以報恩經為醍醐佛示寂時

以涅槃經如法乳四十二卷另有毘盧佛會下佛之同門千萬佛衆
菩薩諸大比丘阿羅漢等諸天帝釋梵王清淨大海聖賢
無數天龍八部人非人等隨其近便處各來聆講佛有經
三藏分天地人每藏五千四十八卷無結夏解制之時次第隨方敷
演非特行此五大部也在佛座下授正法眼藏清淨心印
始爲眞傳嫡派入室弟子唯迦葉爲首徒焉○西天祖師○一祖
摩訶迦葉二祖佛從弟阿難三祖商那阿修四祖優波毱多五祖提
多迦六祖彌遮迦七祖婆須蜜八祖佛陀難提九祖伏馱蜜多十祖脇
尊者十一祖富那夜奢十二祖馬鳴十三祖迦毘摩羅十四祖龍樹
十五祖迦那提婆十六祖羅睺羅多十七祖僧伽難提十八祖伽耶

舍多十九祖鳩摩羅多二十祖闍夜多二十一祖婆修盤頭二十二祖摩
拏羅二十三祖鶴勒那二十四祖師子二十五祖婆舍斯多二十六祖不如蜜
多二十七祖般若多羅○東土祖師○西天爲二十八祖東土爲初祖、菩提達磨二祖
慧可大祖三祖僧璨鑑智四祖道信大醫五祖弘忍大滿六祖慧能
大鑒○六祖下第一世南嶽懷讓青原行思○六祖下第二世江西馬祖道
下懷讓嗣南嶽石頭希遷行思嗣○二祖旁出法嗣僧那、向居士○四祖
旁出法嗣、牛頭山法融智巖融嗣智威法持嗣持慧方嗣方智巖嗣、安國玄挺
威嗣天柱崇慧陘山道欽鶴林玄素素智威嗣玄素嗣天台雲居智佛窟惟則則嗣賾
牛頭慧忠嗣忠咸嗣鳥窠道林道欽嗣○五祖旁出法嗣壽州道樹北宗神秀嗣終
南惟政嵩山普寂嗣寂塲嗣嵩嶽慧安破竈墮安嗣元珪峻極嗣墮○祖坏

旁出法嗣司空山本淨、南陽慧忠、永嘉玄覺、西京荷澤神會、圭
峰宗密遂州道圓嗣圓、荊南惟忠嗣忠、磁州法如嗣如、荷澤嗣。○六祖下第三世、洪州百丈
山懷海馬祖嗣、池州南泉普願、杭州鹽官海昌院齊安馬祖嗣、
廬山歸宗智常、明州大梅法常、池州魯祖山寶雲、洪州泐
潭常興、泐潭法會、洛京佛光如滿、婺州五洩山靈默、幽州
盤山寶積、蒲州麻谷寶徹、湖南東寺如會、虔州西堂智藏、
越州大珠慧海、池州杉山智堅、水潦和尚、澧州茗溪道行、
撫州石鞏慧藏、袁州南源道明、朗州中邑洪恩、潭州三角
總印、汾州無業、信州鵝湖大義、京兆興善惟寬、常州芙蓉
大毓、利山和尚、松山和尚、唐州紫玉山道通、五臺山隱峰、

泉州龜山無了、南嶽西園曇藏、磁州馬頭峯神藏、潭州華
林善覺、烏臼、石臼、鎮州金牛、亮座主、百靈、則川、忻州打地、
潭州秀溪、江西椑樹、浮盃、潭州龍山、濛溪、襄州龐蘊居士、
澧州藥山惟儼、鄧州丹霞天然、潭州大川、潮州靈山大顛、
潭州長髭曠、招提慧朗、長沙興國振朗、汾州石樓、鳳翔法
門佛陀、澧州大同濟、荊州天皇張道悟據符碑嗣石頭、天王崔道
悟據丘碑嗣馬祖、○六祖下第四世、洪州黃蘗希運百丈嗣、福州長慶大安
百丈嗣、古靈神贊、杭州大慈寰中、天台平田普岸、瑞州五峯
常觀、潭州石霜性空、廣州安和寺通、洪州東山慧、百丈山
涅槃、趙州觀音從諗南泉嗣、湖南長沙景岑、鄂州茱萸山和

南衡州子湖利蹤、終南雲際師祖、鄧州香嚴義端、池州靈
鷲閑日子和尚、蘇州西禪和尚、池州甘贄行者、洪州雙嶺
玄真嗣、鹽官 芙蓉靈訓嗣、歸宗 漢南高亭、新羅大茅、五臺山智
通、鎭州普化嗣、盤山 壽州良遂嗣、麻谷 虔州處微嗣 西堂 金州操
章敬暉嗣、暉、馬祖嗣 戒靈 永泰湍嗣、湍馬祖嗣、五台秘魔巖和尚、湖南祇林和
尚、潭州潙山靈祐 百丈嗣、潙仰宗△道吾宗智嗣 藥山 雲巖曇晟、華亭
船子德誠、宣州椑樹慧省、鄂州百巖明哲、澧州高沙彌、京
兆府翠微無學嗣 丹霞 吉州孝義性空、仙天禪師嗣、大川 漳州
三平義忠 大顛嗣、馬頰山本空、本生、潭州石室善道嗣、長髭、澧
州龍潭崇信○天皇下第五世、睦州陳尊宿嗣、黃檗 福州烏石靈觀

益州大隨法真長慶安嗣、福州靈雲志勤洪州新興嚴陽趙州嗣
揚州光孝慧覺、婺州木陳從朗婺州新建杭州多福益州
西睦明州雪竇常通長沙嗣、石梯茱萸嗣、紫桐子湖嗣、日容遠、襄
州關南道吾關南常嗣、常鹽官嗣漳州羅漢瑞州末山尼了然高安愚嗣
愚歸宗常嗣、婺州金華俱胝天龍嗣龍、大梅常嗣袁州仰山慧寂溈仰宗溈山嗣
鄧州香嚴智閑杭州徑山洪諲、滁州定山神英京兆府米和
尚元康和尚、襄州王敬初常侍、鄭十三娘、鎮州臨濟義玄
黃蘗嗣、臨濟宗△潭州石霜慶諸道吾智嗣、漸源仲興僧密雲巖晟嗣、澧州夾
山善會船子誠嗣、舒州投子大同翠微學嗣、郢州清平令遵、鼎州德
山宣鑒龍潭嗣、瑞州洞山良价雲巖晟嗣曹洞宗△○六祖下第六世、睦州刺

史陳操居士睦尊宿嗣袁州南塔光涌潙仰宗仰山嗣杭州無著文喜
雙峰古先雙峰嗣峰潙山嗣魏府興化存獎臨濟嗣魏府大覺鎮州寶
壽沼三聖慧然定州善崔幽州談空虎溪覆盆桐峰杉洋
主西蕃定上座奯上座瑞州九峰道虔石霜諸嗣台州湧泉景欣
邵武龍湖普聞潭州雲蓋志元鳳翔石柱張拙秀才澧州
洛浦元安夾山會嗣撫州黃山月輪洛京韶山普寰郢州四禪
鳳翔天蓋山幽鄂州巖頭全奯德山鑒嗣福州雪峰義存泉州
瓦棺襄州高亭簡撫州曹山本寂洞山嗣洪州雲居道膺撫
州疎山匡仁青林師虔高安白水本仁潭州龍牙居遁益
州北院通京兆蜆子越州乾峰澧州欽山文邃九峰通玄

○廿林 潙州崇塔穆

第七世 吉州資福如寶嗣穰仰山嗣、郢州芭蕉慧清

南塔 臨濟宗 寶

涌嗣、汝州南院慧顒、興化嗣、守廓侍者、汝州西院思明壽

潙 寶壽第二世和尚、洪州同安常察 九峰虔嗣 吉州禾山無殷

嗣、洛浦安嗣、蟠龍文嗣、文、

鳳翔青峰傳楚 袁州木平善道 夾山盤嗣、郢州桐

泉山黃山輪嗣 台州瑞巖師彥巖頭嗣 福州羅山道閑 玄沙師備

雪峰 長慶慧稜、漳州保福從展、福州鼓山神晏、龍華照

存嗣

衲 明州翠巖令參、越州鏡清道怤、報恩懷嶽、安國弘瑫、長生皎然

越 師彥 太原孚上座、撫州金峰從志 曹洞宗 處州廣利容

山 原 曹山嗣

州同安丕 雲居膺嗣 杭州佛日本空、撫州踈山章、朱溪謙、南康

雲居道簡、護國守澄、踈山仁嗣、黃檗慧、伏龍奉璘、襄州石門獻

蘇
青林虔嗣 京兆重雲智暉 白水仁嗣 杭州瑞鹿幼璋 報慈藏嶼 能开
遺嗣 韶州雲門文偃 雪峰存嗣 雲門宗 ○六祖下第人世 吉州資福貞邃 資福
寶嗣 郢州芭蕉繼徹 芭蕉清嗣 彭州承天辭確 汝州風穴延沼 南院
嗣 鐵胡頴橋安 郢州興陽歸靜 西院明嗣 鄂州黃龍誨機 超慧
玄泉彥嗣 巖頭奯嗣 彥 婺州明招德謙 羅山閑嗣 漳州羅漢桂琛 玄沙嗣 安
國 慧球 福州太章契如 天台國清師靜 泉州招慶道匡 長慶
稜嗣 襄州鷲嶺明遠 靈山隨地有、心鏡照虛無

世方爭戰，兵燹傷痍，流離泣血。三仙超然遠擧，逍遙燕樂，人間諸著何能及之。觀此益深出世之念。夫衛內迎丈太六金身，前十六真陽也，西方二十七祖，月魄日魂交於地之期，合東土六祖數，成三十三世，謂偕登覺岸也。○六祖下只書十六世，言皆不可離此道也。至何云我佛止修至性，見性乃了事時工夫耳。

新刻陳衷一先生評訂同原錄三集卷之二十一

新安融陽亦史程毓奇續

鳳翔尚絅一貞王太素贊

包山玦樓原本

〇〇〇陳可復官廷召雨　〇〇〇莫月毘帝殿發雷

太傅王延彬居士眷山行崇保福展嗣　漳州報恩道熈　招慶省僜　鼓山智嶽鼓山晏嗣　報國照龍華照嗣　衢州烏巨儀晏鏡清怤嗣　福州端峰志端安國瑫嗣　保福清豁睡龍溥嗣雪峯存嗣　龍　四祖清皎京兆圓嗣[illegible]

漳[illegible]資嗣　德山[illegible]嗣　大龍智洪[illegible]安丕嗣　[illegible]廬山佛手行因鹿門真嗣[illegible]

山　泉州龜洋慧忠[illegible]曹山嗣　襄州廣德義廣德延嗣[illegible]曹山嗣　廣德[illegible]

[illegible]益州香林[illegible]雲門嗣　韶州白雲子祥[illegible]

州德山[illegible]岳州巴陵顥鑒隨州雙泉師寬襄州洞山守

初金陵奉先深　韶州雙峰竟欽　洞山清稟　北禪寂　雲門朗

六祖下　汝州首山省念臨濟風穴嗣　廣慧真　黑水和尚　黃龍機嗣

○第九世

襄樹第二世　呂巖真人　襄州清溪洪進羅漢琛嗣　昇州清涼休

復撫州龍濟紹修　酒仙林遇賢長慶稜嗣　[illegible]球嗣　鼎州梁山緣

觀同安志嗣　懷安雲頂德敷　護國遠嗣　澄遠嗣　眼山仁嗣　隨州智門光祚

香林　韶州大歷　白雲祥嗣　實性　蘄州五祖師戒　雙泉寬嗣　荊南

嗣

福昌惟善　蓮花峰祥庵主　深[illegible]先嗣　[illegible]田鼎真禪師　般若柔嗣　柔雲門嗣

金陵清涼文益　羅漢琛嗣　法眼禪　○六祖下

嗣　第十世汾州太子院善昭　首山

筠州三交智嵩　[illegible]州神鼎洪諲　襄州谷

隱蘊聰 汝州廣慧元璉 鐵佛院智嵩 仁王院處評 智門罕
迴丞相 王隨居士、圓通緣德、清溪進嗣、郢州太陽警玄 梁山觀嗣、明
州雪竇重顯 智門祚嗣 瑞州洞山曉聰 文殊眞嗣 德山密嗣、眞洞山自寶
五祖戒嗣、嗣明、門嗣 潭州北禪智賢 福嚴雅嗣 洞山初嗣、雅、南安巖自嚴 西峯豁嗣、豁清涼明
雲 天台德韶國師、法眼宗 法眼嗣、金陵清涼泰欽 杭州靈隱
清聳 洪州百丈道恒 永明道潛 杭州報恩慧明 雲居清錫
漳州羅漢智依 金陵報恩文遂 報恩玄則 歸宗策眞 同安
紹顯 觀音從顯 洛京興善棲倫 古賢院謹 □ 六祖下第十一世 禪
州石霜楚圓 汾陽嗣、滁州瑯琊慧覺 瑞州大愚守芝 舒州法
華全舉 南嶽芭蕉谷泉 安吉州天聖皓泰 浮山法遠 葉縣省嗣

潤州金山曇穎谷隱聰嗣、唐州大乘德遵、景清居素、駙馬李遵
勗居士、東京華嚴道隆廣慧璉嗣、文公楊億居士、舒州投子義
青曹洞宗大陽嗣、興陽清剖、羅浮顯如、越州天衣義懷雪竇嗣、宗道
者、修撰曾會居士、南康雲居曉舜洞山聰嗣、杭州佛日契嵩、太
守許式居士、荊門玉泉承皓北塔廣嗣、廣五祖戒嗣、明州育王懷璉
泐潭澄嗣、澄亦五祖戒嗣、廬山圓通居訥延慶榮嗣、榮智門祚嗣、潭州興化紹銑
北禪賢嗣、洪州法昌倚遇、南康雲居了元開先進嗣、暹德山遠嗣、遠雙泉郁嗣、郁雲
門嗣、杭州永明延壽鄮國師嗣、杭州五雲志逢、報恩永安、溫州瑞
鹿遇安、瑞鹿本先、雁蕩願齊、杭州興教洪壽、洪州雲居道
齊靖琮[illegible]嗣、廬山棲賢澄湜百丈恒嗣○六祖下第十二世　隆興黃龍慧南

臨濟慈明嗣。 袁州楊岐方會　洪州翠巖可真　金陵蔣山贊元　洪
州大寧道寬　潭州道吾悟真　蘇州定慧超信　瑯琊覺嗣　越州蔓
山方　宣州興教坦　江州歸宗可宣　秀州長水子璿　南嶽雲
峰文悅　大愚芝嗣　吉安州西余端師子　龍華嶽嗣　隱谷聰嗣　嶽　東京英蓉
道指子嗣　曹洞投　隨州大洪報恩　東京慧林宗本　雲門天衣嗣　天　東京
法雲法秀　延恩法安　禮部楊傑居士　金陵蔣山法泉　雲居舜嗣
明州大梅法英　九峯韶嗣　泐潭登嗣　韶　郴州開元法明　報本有蘭嗣　蘭　雪竇顯嗣
僉判劉維臣居士　開先暹嗣　智海逸嗣　逸　杭州淨土惟正　法眼宗　土素嗣
崇壽稠嗣　稠法眼嗣。　六祖下第十三世　隆興黃龍祖心　臨濟　黃寶峯克文
潭州雲蓋守智　吉州隆慶慶閑　泐潭洪英　袁州仰山行偉

□恭首座、安吉報本慧元、景福順、黃蘗積翠永菴主、
隆興洪準、舒州白雲守端楊岐嗣、金陵保寧仁勇、比部孫居士、
潭州大溈慕喆翠巖真嗣、紹燈禪師玉泉芳嗣、芳淨山遠嗣、鄧州丹霞子
淳洞宗芙蓉嗣、洪州寶峰惟照、襄州石門元易、東京淨因自覺、
東京法雲善本雲門慧林本嗣、拔子修顒、清獻趙公蔣山泉嗣泉雲居舜嗣、
六祖下第十四世
隆興黃龍悟新祖心嗣、黃龍惟清、泐潭善清、吉
州清原惟信、潭州□福本權、太史黃庭堅居士、秘書吳恂
居士、隆興兜率從悅寶峰文嗣、東京共雲杲、隆興泐潭文準、瑞
州清涼慧洪、南嶽石頭懷志、廬山羅漢系南雲居祐嗣、祐及開元琦、璨
亭璣、皆黃龍南嗣、悼州□□慧日、泉州尊勝有朋、開元琇嗣、慶元□□

淨雲保寧璣嗣、蘄州五祖法演白雲端嗣、提刑郭正祥居士、安吉上

方日益保寧勇嗣、瀨州顯首座、洪州泐潭景祥大溈哲嗣、和州光孝

慧蘭、眞州長蘆清了曹洞霞嗣、丹明州天童宏智、江州圓通德

上寶峯照嗣、衡州花藥智朋、吉州青原齊石門易嗣、天台如庵主雲門

本寬一一嗣、一、平江西竺尼法海、東京慧林懷深長蘆信嗣

慧材本嗣、信慧林本

嗣、平江萬壽如璝、越州天衣如哲、大覺法慶法雲白嗣、白

法雲秀嗣、

臨安廣福惟尚保寧英嗣、英㈡六祖下第

法雲秀嗣、十五世、吉州禾山慧方

臨濟悟華亭性空菴主、空室道人智通、潭州上封本才黃龍

新嗣、

清法輪應端、東京長靈守卓、隆興黃龍道震泐潭清嗣、慶元府

嗣

靈普交泐潭乾嗣、乾東林總嗣、總黃龍南嗣、撫州圓通道旻、慶元二靈知和

慈氏瑞仙 開先東林總嗣 丞相張商英居士 兜率悅嗣 西羅

法師 法雲杲嗣 隆興雲巖天遊 湛堂準嗣 隆興九仙法清 慧月嗣 稚雅寶

文嗣 眉州中巖蘊能 大溈秀嗣 大溈瑃嗣 黃龍南嗣 懷安雲頂宗印 成

鄒信相宗顯 昭覺白嗣 勝嗣 白貴業 成都昭覺克勤 五祖演嗣 舒州

太平慧懃 舒州龍門清遠 彭州大隨元靜 漢州無為宗泰

蘄州五祖表自 嘉州九頂清素 元禮首座 法閑上座 金陵

俞道婆 瑯琊起嗣 起白雲嗣 東京淨因繼成 智海平嗣 大溈喆嗣 平 建寧開善

道璨 泐潭祥嗣 杭州淨慈慧暉 曹洞 天覺嗣 明州瑞巖法恭 舒州投

子道宣 天衣聰嗣 石門易嗣 聰 ○大祖下第十六世 嘉興報恩法常 臨濟萬年一嗣

一 泐潭清嗣 左丞范沖 致虛居士 圓通 嗣 臨安徑山智策 雲巖遊嗣

山大慧宗杲昭覺勤嗣平江虎丘紹隆慶元育王端裕台州諡
國景元平江南峰雲辯臨安雲隱慧遠建康華藏安民成
都昭覺道元潭州大潙法泰眉州象耳袁覺臨安中竺中
仁眉州中巖祖覺平江明因曇玩成都昭覺道祖樞密徐
俯居士郡王趙令衿居士侍郎李彌遠居士成都范縣君
常德文殊心道太平懃嗣潭州龍牙智才安吉何山守珣溫州
龍翔士珪龍門遠嗣南康雲居善悟隆興黃龍法忠慈化普菴
印肅衢州烏巨道行南康雲居法如南康歸宗正賢安吉
道場明辯世奇首座給事馮濟川居士台州石頭自回大隨
靜嗣常德梁山師遠莫將尚書居士龍圖王蕭居士無為諮

叟道川淨因、成嗣、續來高僧當獲載錄老僧遞付都實稜而搜覽白其賢懿清衆德士上人、大半出於中華何煩附紀於此。況闕行蹟語錄僅存名號無盡老僧曰、原自西來投東行化訖。仍歸西域耳今喜佛衍說法華經文祇此數目尚有百餘人未至因急就付汝不暇致許也、歸而求諸名山古剎經藏祖亭自有龍象護持其事實必得其悉矣都實問老僧名氏、乃摘片葉答曰守一、忽起道金光入地山寺僧衆俱復不見既還、陟崑崙之顛、望火敦腦兒此云星宿海、圖黃河形勢、言有九折、彼地有二折、歸京具奏所遇之事詔搜諸山禪法律衍高僧遺言碩果、彙陳京師、建閣於肇徵

阿荅海　交住　馬八兒　陳可復　林銓

山井爲經藏帝聞瑤臺之勝欲效軒轅周穆故事命駕西遊阿荅海諫曰中國自有勝地何必舍政遠遊以啟釁也帝納之然訪道之心未已遣宦者交住歷訪江南高士又遣使入南海諭貢占城馬八兒國皆奉表來貢交住自江南還言慶元陳可復之異帝命召之可復定海人生而跡奇丰骨不凡有林生者善役雷自言平江人名銓少得葉師之傳遂飲自喜有問其術者輒斥去可復晝夜承事每謁衣以供酒費卒得其術林欲他適問之曰嘗爲文相君座客將往吉惠之間以究其忠孝遂去時値大旱禱禬莫應有獻之曰陳道士能召雷雨命至官庭將俟其不驗而侮

辱之可復即以法興雲湏臾雷電大作雨下霽星斗燦之天慶觀中秋有方士寓觀賞月可復不與戲以墨水噀符頃即烏雲掩月而雨墨兩坐客驚避衣盡緇矣衆知其所為延之入席雲霧盡斂月復朗然其響應神速皆類此庵召至京帝偉其貌詔為承應法師命治足疾可復曰疾深不難治臣有禁架術願試之良驗復命止風風返却祈雪雪立至帝甚禮之復授希三皇自然功足漸愈命主長春宮張留孫曾延於崇眞宮歘疵冬十月詔頒授時曆辛巳春弘吉剌后殂后性明達左右臣庶壬午春命伐緬國是冬以江南集封衍聖公孔洙為國子祭酒十二月殺故宋丞相文

年四十七
明謚忠烈
張毅甫
劉因
不忽木
眞金
程文海

天祥臨刑南向再拜數日歐陽夫人收其屍面色如生南兆人皆爲流涕張毅甫負天祥骸骨葬吉州會林生亦自惠州昇天祥母夫人柩同日至人謂忠孝所感（忠孝所感）處士劉因容城人得周邵程朱之書曰我固謂當有是也遂精究其義不忽木上薦徵爲贊善大夫尋以母老辭歸俸給不受甲申春悉遷荊湖閩廣間宋之宗室大臣於內地命阿荅海征日本始通海運復詔進征占城詔括天下私藏天文圖讖太乙雷公式七曜曆推背圖苗太鑑曆匿者罪之乙酉冬太子眞金殂年四十三（仁孝恭儉）帝震悼丙戌春詔罷征占城右相安童上言訪遺逸求遠人馳聚斂帝故遣御史程文海

趙孟頫　安童　朱華黎四世孫

勤求江南人才、薦宋宗室趙孟頫等二十餘人、皆擢用之、戊子春、安南王鑄金人進代己罪、帝厚賚其使、謝枋得以國亡、變姓名、賣卜於建陽市（集選唐宋之詩、常自歌誦以抒悒怏、名千家詩）漸有識為疊山、欲薦之、因題詩決絕（尋得桃源好避秦、桃紅又見一年春、花飛莫遣隨流水、怕有漁郎來問津）是秋、使命來召、枋得作表力辭、己丑春、福建參政强之北去、不食二十餘日不死、渡采石、但茹少蔬果、至燕、困殆、訪知帝已為僧、强令舁往見之、不戚不拜、帝㬎泣曰、侍郎亦至此耶、枋得寄啟曰、不可拘泥佛法、以誤宗桃、謝太后然之、枋得見二沙彌侍側、不復言、帝曰、即文丞相二子、假此獲全、文夫人託言已死、枋得曰、令其還俗為後

謝定之
四李夫人忠義節孝萃於一門
疊山字君直弋陽人追謚文節

嗣寄託之地、帝點頭會意、枋得回驛、越三日卒、子定之護骸骨歸葬信州、天資嚴厲、雅負奇氣、學者稱疊山先生、初枋得兵敗、夫人李氏携二子匿貴溪山中、元兵令曰、不獲李氏、屠爾墟、李曰、豈可以我故累人、遂就俘、有帥欲妻之、李撫二子泣曰、若輩善事吾姑、吾不得養矣、遂自縊、帥義之、令二子殮葬、不復繫逮、帝㬎先令佛生環生居民間、假姓宋、後㬎生三子、皆匿於宋氏撫養、文氏兄弟亦娶妻生子、元帝畧聞其茹葷御女、然西番僧所不禁、故任之、初立鉤考法、天下騷然、廣東冦、婺州賊聚衆作亂、庚寅秋、地大震、江西霖雨、水溢、州縣皆浸、江南諸路大水、詔出粟賑之。是冬河決、辛卯元旦、命張嗣師醮於萬壽宮、宗演偕其子與棣入覲、與棣字國華、號希微子、淵默寡言。洞明三教、爲詩文數千言

三十七代 張與棣 崔彧 莫月鼎

立就時甫弱冠儀果溫學敏於應對帝屢歎異之禮遇有加秋八月宗演自京歸有道人來謁告以玉兎之約是冬十一月十一日有以白兎來獻者遂語弟子曰我昔以明日生今以明日去矣十二日晨起整衣冠書頌而化詔與棣嗣教授體玄弘道廣教真人管理江南諸路道教事帝復遣御史中丞崔彧訪求異人於江南有莫洞一者字起炎湖州歸安人生而秀朗肌膚如玉雪雙目有光射人幼習舉子業三試有司不利乃着道服更號月鼎入青城山丈人觀受徐無極五雷之法由是召雷而破鬼魅動無不驗遂自名雷師怒罵嬉笑皆若有神物從之者性愛酒無日不醉醉

海中婦人

美人魚

輙白眼望天陰飈倏倏然起衣袖間嘗與客飲西湖中嘗赤日如火客請得片雲覆之月鼎笑拾果殼浮觴項之雲自湖濱起翳於日下其道術遊戲不一而足應召見帝時天色霽爽帝曰可聞雷否月鼎取胡桃擲地雷應聲而發帝為改容復命請雨立至帝大悅賜以金繒月鼎碎截之以濟寒窶者帝聞益敬賞賚優厚使居長春宮陳可復自上都還相見大笑謂月鼎曰吾方欲歸子來恰好蓋林師魯言道娃月鼎之法不亞於汝知故即以是月坐蛻追封誠明翊教太極真人明初有見之於塞外

癸巳夏詔皇孫鐵木兒征海都海中婦人善厭媚北人或妻之雖蓬頭偪僕能令男子酤愛死且不悔更有美人魚人魚人面魚身常臥沙磧與男子交命將征八百媳婦各彗入紫微垣抵斗

八百媳婦魁甲十春正帝崩在位三十五年承正統十六年壽八十歲皇孫奔喪至上都

成宗鐵木兒即位為成宗完澤篤初崔彧得玉璽於札剌氏之家至是裕聖皇

札剌氏后手授於帝賜宋使臣家鉉翁號處士遣還鄉初世祖欲

裕聖皇后官之不受遂安置於河間以春秋教授弟子數為諸生談

家鉉翁及宋亡之故輒流涕年逾八十乃得歸撫州未幾卒每瘴生不

復命且喜
棄落歸根

濮明帝遣使適天竺聞佛通道使歸曰佛為西方至人
蓋彼教之所宗也夫佛之聖者莫聖于觀音大士其變
化無方與天地通使歲無凶荒民無札瘥國無三壽八
難以故無六無小無有遠邇咸崇禮庋想不啻事嚴君
衛曰今鄮寶傳衣五百聖僧其後世人更未知如何與
化也
元既混一當法天雷以剃聘育物損上益下順動而民
乃服故可復之需先之西用戰之雨帨之皆有效暮

㈠㈡黃精欲食維揚友。

○紫瓊擇授東宗人

是秋江西大旱祈禱弗應先是黃房公遊蜀過崇慶李珏字雙玉辛亥五月初十日生授以金丹道旨改名椿眞號太虛即往武夷謀就乃事行煉已功每魔障百至卓然曰東縛妖魔精斬六賊鋒旋定息而坐此念纔舉愛根斬然潛修金丹九月乃成欲還蜀道經龍虎山時方祈雨先夕雩壇有夢眞人者次日大虛至衆不識惟夢者見一貧道人來曰是此人也衆請上壇太虛乃以所授法行之應時霈足恐嗣師見嫉不言姓字而去至眞州玉虛菴結圜而坐後出圜至蜀黃房曰將復遊於燕子亦宜遍訪有緣太虛隨處遊行至韶

州夜宿村庄見其家案頭置悟眞篇挑燈閱之乃江成陸埜註語雖簡畧而旨意甚親使見者豁然開爽拍案稱快曰深得紫陽之底蘊者矣當訪之一談即秉燭啟門呼村老出問此書何來老曰前有一僧一道借榻信宿臨行遺以此書曰後有賢明同志見之必賞識也二人投東去太虛吁嗟就寢明早告辭東尋茫茫前路無從蹤跡後復會黃房言之曰此已證道稱子野眞人向與道光禪師同在天台仙翁處今因元運正隆崇禮三教姑留京國覲光從後南回偕子往晤諸具也時部中外崇奉孔子乙未改元

元世一端

元貞夏四月蘭州河清三日上下三百餘里時海內大安

維陽十友

民人胥悅維陽有十人皆家産猶豐守分知足不干祿位不貪貨財慕主知道者相約爲友以酒食娛樂其志輪流周復率以爲常忽來貧叟一叟冠服滓弊氣貌羸弱着麻衣逕造其會衆憫之不加斥逐醉飽自去從此頻來十友預爲置席一旦言於衆曰余力困之士也幸許陪坐未令席既周亦願力爲一會以答厚恩約以他日至期十友相率以待凌晨貧叟果至引讓徐步諧東塘郊外草莽中茆屋兩三間欹側欲摧傴僂而入有丐者數輩在焉皆蓬髮鶉衣形狀穢陋相顧而起牆立以俟其命叟令掃除舍下陳列蘧篨布以管席邀遜環坐日既旰矣咸有飢色久之

客以醯鹽竹筋置於客前，遶巡數輩，共舉一巨板如案，長四五尺，設於席中，以油帊幕之。十友謂必濟飢，既撤帊，氣燁燁然，辨覘乃蒸一童兒，可十餘歲，耳目手足半已糜爛墮落，叟勸勉就食，眾深嫌惡，多託以飫飽，有忿恚逃去者，都不肯食。叟遂縱意飡啖，似有盈味，所餘命諸丐輦去食之。叟嗟咄曰：此千歲黃精也，頗甚難求，吾得遇此，感諸君延遇之恩，聊欲相報，且食之者白晝沖舉，身為上仙，今況不食，其命也夫。眾驚異，悔謝不及，叟促問諸丐食訖即來。俄而丐者皆化為青童玉女，幢蓋導從，與叟昇天。十友舐其剩瀝，殘盡，刳心追求，聞張洞師知來識往，號郎之，去歲

袁萬頃

馮淑眞

三十八代

張與材

召與棣醮於圓殿今又醮於長春宮命天下行醮典改諸
路天慶觀爲玄妙觀設所奉宋太祖神主與棣爲言宋祖繫淅帝下降故
也維陽十友王京具述貧叟之異與棣曰此袁萬頃字元量
以薦者召爲司直不樂仕進在朝賦詩新築書堂壁未乾
馬歸從我上長安一見時只道爲官好老去方知行路難千里
關山千里念一番風雨一番寒如何盡坐茅簷下翠竹蒼梧仔細看遂
促歸自後尋眞日久得遇天食幸哉十支謝歸後皆二百餘歲令終
與棣愬謂弟子曰世味素薄久留京師非願也懇乞還山
未允越月示化於崇眞宮遣使護柩還山勅廷臣祖祭都
門詔封其妻馮淑眞爲靖明素眞仙姑以與材嗣教宗演次子
宗序國丙申春制授太素凝神廣道眞人仍封其母夏氏爲

㊀夏仙姑 主真妙應仙姑丁酉春改元大德五臺山佛寺成太后親

㊁劉業 往祈祝昔有洛陽處士劉業字世成天師劉綱之曾孫深有道術而不

㊂張易 少露翰林張易恒與之遊業嘗賣銀絹於市市人欠其價

㊃市人 往索既不酬且大罵業歸謂易曰彼愚人不識理當小懲

之夜滅燭就寢業牀前熾炭燒藥易寐未熟暗中有一人

就爐吹火光燄中識其面乃向之市人迨曙不見後於市

遇而問之云一夕夢神召去逼使吸火氣殆不續寤而唇

腫力乏旬日乃愈易驚然曰可知仙種有繼歸欲求學其

㊄海陵聖姆 術已東遊維楊海陵有女子適杜氏子性好善嘗從劉業

㊅杜氏子 學道既成杜不之信告官拘囹圄少頃女從窗隙中出高

入雲中人爲立廟祀之每著靈異常有一青鳥在廟所有祭者鳥爲飛遶鳴鳴若繫變狀有失物問其所在鳥即集盜物之處以此道不拾遺號海陵聖母是時盜賊竊發不敢犯其鄉爲河陝軍州奏請更立廟於江都縣東六十里太后遣祭慮響愈著戊戌春詔封四鎮山揚州會稽山青州沂山幽州醫無閭山冀州霍山海鹽奏二州潮太溢百里沙岸蝕齧將及州城詔與材治之至杭醮於祐聖觀投鐵符河圯處符躍出者三雷電晝晦磔死水怪魚首龜身長丈餘浮於水裔隄障復故己亥春疫癘盛行詔各路置惠民局擇良醫主之秋七月揚州儀縣蝗在地者爲鶖所

食飛者以翅擊苑詔禁捕鷲士人於山洞得一鷲損一翅其質似木咸以爲異乃瘞之蓋大庭望金華雲氣知有賢德之士聚此往晤赤松見蝗食禾憫其民爲木鷲數百驅蝗救世一鷲以翮石損翅斷山鷲故民見之大庭至金華洞天守山童言師往包山訪仙史消息矣大庭憶廣野會上之言撥雲步往洞庭會見遊以木鷲救民赤松笑曰曩時用木人擒吳令大旱三年今此猶未足償也大庭問仙史何在赤松曰當日亦上聞將各種道書秘笈仙籍彙送林屋命龍威丈人掌守將往仇池探聽其人出處大庭曰予之孫子前出山仕元爲平章名不忽木幸其志趣不阿今將招還也遂分

部縣在延安翟道有叒民凡遇仇人於猿路即驅入酒糟坑飢渴啖其糟汁搜出感搓鼻頷接挨友體皆故舊形風中爨定

手而去。庚子夏，不忽木卒，家貧無斂葬，賜鈔賻之，贈魯國公，諡文
貞。遺表諫勿遠征，上不能從。時征緬師還，爲金齒所遮，士
多戰死。八百諸蠻相效，不輸貢賦。辛丑，命將征之。金齒古哀牢地，
有金齒蠻、漆齒蠻、繡面蠻、花脚蠻、花角蠻，惟居諸葛營者
衣冠禮儀，悉如中去。緬甸，古西南夷，有金沙江，多嵐瘴。緬
人恃以爲險，元征降之，立軍民宣慰司。八百媳婦世傳其
土酋有妻數百，各領一寨。猶有木邦，一名孟邦，又曰孟部，
多幻術，能以木換人手足骨，行遠任重即痛。雖降，師旋復
不能勝，乃知之。有不信者，死而剖視，果木。
叛。是冬臘月二十四日，均州太和山眞武玄帝降筆於靈
應觀庭，垂訓世間行善懲惡之報。道士焚於火池中，不化，始
信帝訓不僞。復有金科玉律下降，糾察神人功過，道俗驚
傳。是歲大旱，帝召與村散糕禱雨，與村思誠可格天淼。

齋禱亦必遂以感動昔之雖其妻子不能不感矣

有應明日果雨召問今冬暖不雪民間得無災乎命為壇禱之是夜雪下盈尺命近臣賜酒曰卿能感通神明一至此耶壬寅春正輿材以武當璽感奏聞詔刊石立於山教民信奉之夏四月帝如上都輿材從冬十月還大都輿材辭歸加封夏母為玄真妙應淵德慈濟元君癸卯有司上

張樞

金華處士張樞續後漢書詔藏宣文閣樞字子長隱於冰壺峒在金華山上曰朝真中曰冰壺下曰雙龍通四明天台諸山累辟不起士論高之同

金履祥

郡蘭谿處士金履祥字吉夫從學王柏何基之門蓋得朱熹之傳以

○王柏

宋將亡絕意仕進屏居金華山中及柏卒履祥率同門制

○何基

服觀者始知師弟禮亦稱文山先生是春履祥卒年七十二其徒岳欽

岳鉉

楊眞伯

等成大一統志上之賜賚有差鉉之內黨楊眞伯弘農館族也幼耽經史致忘寢食父母不能禁時奪其脂燭匿其書本眞伯乃告遊洪饒僦精舍肄習半載餘中秋夜讀次有人叩牖良久眞伯深於典籍不知也俄然啟扉而入乃雙青衣言曰女郎久棲幽隱服烝茹芝多往來洞庭雲水間知君子近至此又骨氣淨清志操堅白故願盡歎曲眞伯殊不應青衣自反三更後聞户外珩璜環珮聲珍異芳馥青衣報女郎至年可二八碧雲鳳翼冠紫霞日晶衣瑩光射人逡巡就坐眞伯不顧問一言久之女郎於案取硯青衣薦牋遂書札數行悽然而去眞伯起視其所留詩曰

孔尚珍

君乎竟執逆無由達誠素明月海上山秋風獨歸去眞伯觀其詩思柏案曰豈人間之言非洞庭諸仙乎遂遣歸奉養知世事不久終身不仕并不娶正室後四十年復見青衣引去乙巳夏大同路地震如雷懷仁縣地裂湧黑水漂出松栢杉木崇明州海隄崩張眞人俾弟子持符往劾海隅民夢有神來塡海潮汐遂安帝錄平潮功加授正一教主兼領三山符籙給以銀印視二品秋八月給曲阜陵廟灑掃户以尚珍署田五十頃供歲祀丙午春營國子學於大廟之西偏丁未春正帝崩在位十三年壽四十三懷寧王皇姪海山進征諸叛王皆降還至和林宋黃房迎謁請速還上都王知爲世雖新封

深敬禮之詢其年九十七矣因侍[illegible]選諸王來會勸進遂

武宗山沖即位為武宗曲律追加封文宣王為大成至聖遣使闕里

尊皇考曰順宗

仁宗祀以太牢中書右丞孛羅帖木爾以國字繹孝經以進帝

曰此孔子之微言自王公達於庶民皆當由是以行命中

書省刻板模印諸王以下皆賜之徵處士蕭𣂷音居為太子

右諭德𣂷入東宮書酒誥以獻尋以病請解職歸卒於家

蕭月鼎與之善教其退隱𣂷亦以沉湎為戒月鼎遂涓滴

不飲南遊揚州寓蕃釐觀中諸道衆於月夕會飲以月鼎

素嗜酒故不及相邀忽有雲蔽月久而不解衆意其所為幸無黑雨

[illegible]詣起月鼎至止嚴請某以手指空雲散如洗諸人驚

拜曰莫師動與天合真神仙也月鼎渡江至姑蘇玄妙觀前有賣餅者置餅於筐時為物所竊怨師驅治月鼎望空噀其不可既而失餅如故且毀其室月鼎怒召雷霆雲中折一樹懸首投於市怪乃絕月鼎還遊浙中有一人娶婦半路為白猿精所攝至門但有空轝求追之月鼎禹步結塵拜風飄婦歸舍少甦曰適在此高峰何忽至此舉家積德不已月鼎年六十九返歸安勸鄉人為善者三載一日諭其徒王繼華曰明歲正月十三日將化於汝家及期果至風雷雨電交作索筆作偈泊然而逝顏面如丹宋濂聞其異為之立[illegible]是年己酉春改元至大定制文宣王以春秋二丁釋

勞用太常加封張眞人金紫光祿大夫留國公給銀印禮

一品黃帛加封通玄至道崇文明化大眞人、告長春宮、朱綫

辭去不帝聞奏月鼎與贖封臣時正誼眞演大法師時李

復見、

太虛寓安仁之熙春宮訪來道嶽有饒州張模字君範德興人已巳十月二日生、求授金丹太虛弗與敬事不去既而適市有馬者

機讖以三千文太虛乃曰可授矣遂付以金丹大道改者

道心號紫瓊枘授太室謁紫瓊首問參同契爲明易耶爲

行易耶太虛曰易乃兩件合成能明能行方爲得道故易

向西南得朋乃與類行參同契曰同類者相從事乖不成

□述後行之寡人也言訖遂行後年復會於眞州爲

趙友欽 緣督子 阿沙

丹火候囑之曰金丹宜潛修大道當大擴我將去矣道成時成後可會於青城紫瓊拜謝乃入室修之不一載道成時月二十五日欲求有德者以傳道脉適遇饒人趙友欽字緣督宋宗室子辛未六月十八日生幼遭物水早有山林之趣惟聰敏精究天文經緯地理術數栖心至道見紫瓊談及道張即再拜懇求以之紫瓊察其誠篤乃授丹訣自往青城友欽修之有得乃搜羅書經傳作三教一家之文名仙佛同源又作金丹問難等書以待有緣中書阿沙宋花好道歸緣督於家日講玄理惟言清靜功夫與戌冬入侍見帝容色日瘁乃進曰人參之味不知御萬金之身不知鐵作麴糵是好娼嬪

仁宗愛育黎拔力八達　李邦寧　同於文昌之祭奠儀　皇慶　搠師古斡節兒

是射猶兩箭役拔樹木有不顛仆者帝喜拜為右相然不
能從後不花坐脫　辛亥春帝崩在位五年壽三十一　皇太子即位本武宗弟為仁
宗普顏都遣官者李邦寧釋奠於孔子既受命行禮方就位忽
大風起殿上及兩廡燭盡滅燭臺鐵鐏入地尺許無不慹
者邦寧悚息伏地諸執事皆伏良久風息乃成禮邦寧慚
悔累日尋卒壬子春改元皇慶徒大都學周宣王石鼓於
國子監。雲南右丞有罪國師搠師古斡節兒奏請釋之帝
斥曰僧宜誦佛書官事豈當與耶。留國公與材入朝召見
嘉德殿賜寶鈿金服嘉其繼承道緒無與比遂辭歸類
畢亢旱帝於宮中焚香遣官分禱諸祠癸丑夏遣使筝龍

虎山諭曰、去冬不雲、今復不雨、因此穢種、朕甚不為民之
傷也。鄭其爲朕禱之、遂禱於上清宮、甘雨遠近周洽、每歲
以水旱妖孽旦山相告、皆應、真人請建王侍宸於千里祠
於處島城內、謂其蜿蜒在雷部、從之、故每盛著神應、執
蝴靈興風雨立致
焚帛而乞靈者絡繹於道、冬月京師又大旱、帝曰、實朕之
責也。赤子何罪、明日大雪、由能保民自責
大必降瑞相符。
拔雲乃鐘呂嫡派、而雙玉羽得受其道、不可不一顯也
故江西之旱、天師特供其來、非有所怯而遜焉、
术之成象而生動者、始于葛由之羊、繼則孔明之千馬
以至井華之鶴、驅蝗之鷲、無不奇絕、蓋飛位屬木、生動
之義存焉、故道若欲牽白虎、先伏青龍也。
也人知黑者有明白者無、靜曰知白守黑、謂黑鉛中含
白銀而候之也。尤妙于去癸以舉壬、諸公所言皆此。

延祐　申宗　呂　拓跋烈　薛君胄

續[illegible][illegible][illegible]感遊　馮道助法禁禎徒
甲寅春改元延祐勅各路訪求遺逸扶風申宗觀字宇文周
時八年十八從燕公于謹征梁於荊州夢二青衣曰呂走
天年人向主壽百十乃詣江陵市問占夢者占者曰呂走
廻字人向主住字豈子住乃壽耶時留屯江陵宗陳情於
挍尉拓跋烈許之却詣占者曰住即可矣壽有術乎占者
曰汝前生梓潼薛君胄也好服食多尋異書日誦黃老百
紙徙鶴鳴山中秋望夜長嘯獨飲因酣暢曰某就此瀞若此
豈無異人降古忽覺兩耳中有車馬聲遞然思寢至席遂
有小車朱輪青蓋駕赤犢出耳中各高五二寸亦宗覺出

胥之蜒、卑坐二童緑幘青帔、憑軾呼御者踏輪扶下、曰自
蜺玄國來、私心本慕、願接情論、薛駭曰、適出吾耳、何謂遠
來、童曰、國在吾耳、君耳焉能處我、薛曰、儻有之、國人蓋焦
螟也、童曰、吾國與汝國無異、不信、請從吾遊、或能使留、則
離生死苦矣。一童傾耳、薛亦俯覗之、覺棟連接花竹駢植、國
猶耳披之已、至一都會、城池樓堞、窮極壯麗、正彷徨顧二
童亦在、曰、盡從吾謁蒙玄眞伯、眞伯居大殿、垣陛皆飾金
碧、垂翠簾絳帳、左右侍于童、執白拂犀如意、薛拜伏、有
高冠長裾綠衣人、宣青紙制曰、肇分太素、國既有億、爾倫
下土賤卑、萬品率隸於此、實由冥合、既爾講節、郎[illegible]

寘宰人官學謝佛宜享之可爲主簿大夫薛拜辭出門聞
有黃杴三四人引至一曹署其文簿多所不識每月亦無
請受但意有念左右必先知當便供給因暇登樓遠望忽
有歸思賦詩曰風軟景和煦異香馥林塘登高一長望信
美非吾鄉二童見詩怒曰以君質性冲寂引入吾國鄙俗
餘態果未除去送疾逐薛如陷地仰視乃自童子耳中落
仍在舊處童忽不見問諸隣人云已失七八年薛在彼如
數月未幾卒授而爲令身亡者又云吾乃是耳中童子汝
雖不即飛迹然壽可千歲因吐朱絹尺餘令吞之自後童
子形而識薛身輕神旺周行天下名山追蹤將入百歲所

[illegible]

[illegible]奇草並記於二鵲時處草囊、開元進士張佐曾遇於[illegible]
杜、追隨究問得聞其從者
時隱於蕭山、州郡往辟、宗曰、以吾年將無幾、勸積功業、鎮
達真道、辛仁君在位、故遊行宇內、今來擾我、吾其去之、遂
乘星宇路四鎮青驢西去、是月、勅中書省定議孔子五十

四 孔思晦

三代孫當襲職者、請推孔思晦襲封、乙卯夏、泰州成紀縣

七 蔡九五

山移陷沒、民居冬月、尋見蔡九五作亂贛州汀州寧化縣

四 [illegible]祿孫

民賴祿孫地仙賴布衣後負母挈妻、隨眾入山避之、盜至、眾散走、
祿孫守母不去、盜將刃其母、祿孫以身翼蔽曰、寧殺我、毋
傷吾母、時母病渴、思水不得、祿孫含漿呴之、盜相顧駭歎、
反取水與之、有掠其妻者、盜[illegible]曰、奈何辱孝子婦、使歸

胡汲仲　學道書　三十九代　張嗣成　易氏

之者幾招降特旌表頴氏丙良夏勅修比干狄仁傑祠無

封孟子父爲邾國公母爲宣獻夫人以趙孟頫爲翰林學

士承旨吾聞識書畫尤精胡汲仲稱曰上下五百年縱横一萬里舉無此筆夫人管道貞亦工丹青是

年正月一日留國公棄世子嗣成襲教字以望號太玄子神情高

邃端毅寡言至大三年侍父入覲至杭寓宗陽宮俄杭城

火陛次望登通江橋望火起燄以水巽之火遂滅杭人爭

頌是冬入覲帝命建金籙大醮於長春宮賜冠服寵啟善

覲周王于武宗其兄弟父子後當盡忠家國帝然之乙巳春

辭還制授太玄輔化體仁應道大真人主領三山符籙掌

汴諭道教吉雅思封其母易氏爲妙明慧應常靜真人遣使

英宗碩
德八剌
拜住
至治
張養浩
圓明
劉志先
章台滸
吳全節

復遣道山夏四月旱帝露香親禱於天既而大雨歲
秋加封楚屈原爲忠節清烈公己未冬追封宋儒周敦頤
爲道國公庚申元旦日食帝齋居損膳輟朝賀是月遂崩
在位九年太子即位爲英宗以拜住安童孫爲平章政事
壽三十六松堅
酉改元至治帝雖爲孝執法諸信佛教禮部尚書張養浩
上疏不聽二月勅建西山佛寺秋七月鑿屋僧圓明藉言
作亂仰陽道士劉志先以妖術謀逆命樞密判官章台滸
治妖僧道俱伏誅壬戌五月帝如五臺山道士吳全節以
玄天宗派上陳封爲玄教大師閏月追封諸葛忠武侯爲
威烈顯靈仁濟王有言佛教可治天下者帝以問拜住對

吳澄

禁僧道勿

已清淨寂滅自治可也若治天下非綱常倫理則政教不
施帝善之十一月日食地震西僧請釋囚帝曰惡人得赦
反害善良不許癸亥春徵吳澄爲翰林學士纂大元通志
成請禁僧道度牒符籙詔從之先有山陰馮道助曾遇馬
自然授法凡大臟人者指之則狂獗以死又封夫役築道（太過）
側見行者偶妨其業即詈之道助乃拔草置其上已而所
築者便指皆傾二江戍卒侮之道助遜謝不與較但引之
乘者橋上皆僵坐不能起（掀而不虐）約行三十里道助摘草與樵者
曰若歸有戍卒數人可以此草與之樵如其言戍始能去
其至于權貴田者渡不應取二石子擲田中衆見雙鯉跳

[illegible]終不得兩手足跡[illegible]於顏垜值天暑乞丞

[illegible]入弗與道助微笑忽一白兔奔入爪壁行背逃之爪

道盡傷至是成疑衝劉道然黨有司遣人捕之忽與捕者

遇於途欲捕者公牒去而不知見道助謂人曰國家用法

嚴峻將有變異遂隱去於蜀中後有遇之夏六月大風雨雹拔柳

天為譴其尹

林行宮大木奉元行宮正殿災秋八月鐵失等弒帝於南

坡年二十一歲拜住亦遇害從雍帝陵諸王迎立皇叔晉

邸在位三年作

至爲泰宗

鐵失等伏誅十一月遣使至曲阜祀孔子甲子

奏定帝

陵朝泰定帝愛[illegible]賜於帝師乙丑尊后妃諸王駙馬母過

星術之士非司天臺官不得常有論陰陽元十八年以

釋門之言盡焚道藏至是嗣師入覲奏藏中諸經初無
辟俱繫天眞所遺乞復頒行以爲學道津梁遂上經書帝
觀之俱修眞體道之言刊印頒於名山宮觀復命建黃籙
虞集
大醮於長春宮有天花靈鶴之瑞命國子司業虞集記之
制加封爲翊元崇德正一教主知集賢院道教事安西有
司奏書仙里恒忽起雲纏五色惑民帝問嗣師太玄曰昔
會文姬
長安妓女會文姬姿艷絕倫尤工翰墨欲偶者請先投詩
任生
岷山任生詩曰玉皇殿上掌書仙一染塵心謫九天莫怪
濃香薰骨膩霞衣曾帶御爐烟女得詩曰眞吾夫耶不然
何以知我事耶遂事之朝夕相攜微吟五年忽對任曰吾

趙丑廝　郭菩薩　西僧馳驛　西番詩新　赤憐眞　八剌　允丹藏卜　(致和)　阿速吉八　文宗圖帖睦爾

休咎上司書仙以情愛論人數二紀將歸予可傳往勝雲
去其里即曾所居可以色銅符埋於地雲烟不起帝命
使往鎮即止六月息州民趙丑廝郭菩薩妖言彌勒佛降
世遂作亂命討之伏誅分天下爲十八道冬十月皇后赤
憐眞八剌受佛戒於帝師丙寅禁西僧馳驛擾民丁卯春
皇子允丹藏卜受佛戒於智泉寺二月進孔思晦嘉議大
夫戊辰春改元(致和)御興聖殿受佛戒於帝師秋七月帝
崩壽三十六在位五年太子阿速吉八立燕帖木兒舉謀迎立懷王
武宗次子爲文宗禮牙篤是冬兵陷上都太子遁去前大庭氏引不忽
木歸山復會赤松往九池究問遇吉八說以八道頭爲行

①左金童

萬彙衆相隨、一路見水湧山崩、生靈陷溺、赤松歎息曰、雖刼運使然、而天地亦爲之不寧、元之氣數不久、但未知應運者爲誰、談論之際、巳過飛龍峽、見雲籠芳樹、霞覆青山、其巖自成、縣直榜西和、四面升絕、盤廻始登山頂、樓臺宮闕、華煥巍峩、文始天尊居青瑶宮中、知二仙長來、意趨迎入內、遜坐曰、近候道祖於太清仙境、聞上帝弘慈憫世、命左金童下界、掃清中土、欲於眞仙班內、選一大有力量者、以輔王猷、老祖巳㸃容成公託跡處州、與老仙洞府相近、遠仗開其學識、厥功非細、至於將相諸人、俱遣星垣列曜、挽後臨凡矣、赤松笑曰、今收此徒、仍是風后同樂、大奇只不知仙史因緣若何、文始曰、將來南極萬壽羣真齊赴道壇、欲定班次、彙送各種仙籍於林屋洞天編輯、前見程邈有欣色、已往吳中、大約是也、赤松欲往訪之、文始留飲數日而別、路遇諸仙、勉渡隨時輔翼真主、平陽金箔張、以世造金箔得名、其子二郎、聰俊不凡、少遇仙流、授鹿盧蹻經一卷、遂得乘蹻之術、鄉里駭其所爲、一日有羽衣過其門曰、家師亦挾小術、二郎不棄、明日遣騎相迎、黎明果有兩童各乘一龍、自雲中下、復牽一龍請乘、龍獰甚、昂首不伏、童袖出軟玉鞭鞭之、二郎即騰身上、行數里、至一山谷中、極花木泉石之勝、俄達[illegible]、入見一老道[illegible]古

[illegible]坐國床上與道人掛壁間相去數丈二郎欲拜道人曰
且止勿前老漢久卸膝蓋骨以自便倚足於壁不踏世塵
今日不免爲郎君一下也揮手招之壁間雙足自行至前
取著膝上輻輳如常人下床具賓主禮呼童煮新茗供客
茶至執盤者則一無頭童也道人責曰對佳賓簡率乃爾
可速戴頭來童舉手捫其頭遽入室取頭戴之復出供茶
二郎驚歎老道曰某唐時祖珍儉也遇仙師教誨曾以神
劍斷切予身又復扶而植之隱此自養便能解散軀體亦
可教人故小童皆能耳聞郎君有斯術請一試之二郎即
試其處二木乘而行之老道大笑二郎求其術珍儉曰郎

朱世珍 陳氏 朱鎮 朱鏘 朱釗 王光濟 旨 何朱光龍

尊自有真師此不足學也命二童送歸二郎復過前授經書訖諭以道要曰予雖老也予道成時可謂寵真主、未幾丹熟號六陽子是秋往濠梁來觀真主誕生時有朱世珍者其先爲江東句容縣通德鄉朱家巷人既而渡淮家泗至世珍遷居濠之西鄉復遷太平鄉即鍾離東鄉已生鎮鏘釗三子、妻陳時朱衣象簡神人饋藥一丸光彩煒燁香之有娠及是九月十八日未時誕一子異香紅光經宿不散世珍出河上汲水濯浴有紅羅浮至取爲衣以衣之所居名紅羅巷室中常有神光夜爍燭天隣家訝驚救之則無有遂名朱氏大的日後忽不食求醫一僧曰無妨至夜分能食矣果然、遂金錯陂遂[illegible]光尊者求訓已巳春正[illegible]如[illegible]
[illegible]長名光龍[illegible]

明宗和世球　天曆　輦真吃剌思　孛术魯翀

關公顯靈義勇武安英濟王加謚顏曾公貞烈文忠公供令有司時祭遣嚴士祀孔子於闕里遣使奉皇帝寶迎兀周王於漠北爲明宗護都篤遂立文宗爲太子八月太子往朝明宗大宴於行殿是夕暴崩年三十在位一年文宗復即位仍號天曆以西僧替真吃剌思爲帝師命一品以下咸郊迎大臣俯伏進觴國子祭酒孛术魯翀舉觴立進曰帝師釋迦之徒僧人師也予孔子之徒儒人師也請各不爲禮師笑而起舉觴卒飲衆爲之慄然御書岐陽書院額賜鳳翔府祀周文憲王廟仍命設學官釋奠加孔子禮建顏子廟於曲阜之陋巷加封大都城隍神爲護國保寧王加封天妃爲

陳致虛

田侯

晉陽縣兆山中獵人有術能使人作虎毛色爪身悉成眞者奮越跳吼還能食人或求其術賂布米雞酒即教之盡一虎旁有一秤藏皆投而即變

至順

護國庇民廣濟福惠明著天妃賜廟額靈慈歲時遣祭是秋趙緣督寓於衡陽以道授廬陵陳觀吾名致虛雖聞仙道猶有遲疑明作緣督復盟授青城丈人秘文海蟾誓度道緣上新收理青城慢紫清集玄眞陽眞君觀吾乃自號上陽子日夕不遑欲鍊無數遍覓有緣於是西行教化百粵旅寓思國夜郎王地獠人強求其術不得寘於鼓中投大洋外天妃命海神送至南濱適至齊田侯奉使爲宣慰來祀天妃見而撈起出之鼓中言論投機即深敬事上陽同開分上何如主侯曰信義重儒上陽曰尚可出遊數載遂同侯回都庚午夏改元至順侯還奏水神之靈異加封勅都爭求爲聖德廣裕英惠夫其

五福太乙貴神

香山

子二郎神爲英烈昭惠顯靈仁祐王秋七月加封顏子兗國復聖公曾子郕國宗聖公子思沂國述聖公孟軻鄒國亞聖公追封顏子父母妻無繇杞國公諡文裕母姜杞國夫人諡端獻妻戴兗國夫人諡貞素賜伯夷叔齊廟額聖清歲二祀以少牢以董仲舒從祀孔廟位列七十二子之下冬十月祀昊天上帝於南郊辛未春建五福太乙宮於京城乾隅勅每歲四祭蓋五福太乙貴神之星以二百二十五年行五宮自乾而艮而巽而坤而中宮乃復入乾每宮住四十五年所至宮多降福司徒香山陳符讖言陶弘景胡珞曲有負宸飛天曆終是甲辰君之語暗合陛下生年紀號實受命之符乞錄付史館頒示中外田侯與翰林諸臣言此恐啟讖緯之端事遂寢侯

自遇陳上陽叩有再三欲聞至道經年不倦誓許成就大事上陽始授丹道俟言下頓悟期以勤行易號至陽下壬申春上陽藉以丹成忽處頓曰客歲秋冬日食將不利於帝主所謂僕不死於西南之水數致有今月帝欲乘來北之天鳴故爾載馳僕詳問不答夫何言哉萬必知之

重陽至綠督道蓋六傳矣始顯名金丹號爲金陽要知此乃坎位之黃金又非兌中之白金也戊己配而大丹始成其間三家顛倒二土合和何可易言歟

道助爲自然之徒法故酷似但化鯉傷禾走兎損瓜非道者所宜若村夫之詈人戍卒之侮人田者之不廢剛者之弗與皆薄俗常情警之可也

仙地一席話不特與主鉅生容成輔世而南極大會一齊挈起史筆之妙若此

道至上陽而所傳廣矣使非豈材授受常有疑其濫者

以此知非
嚩斧者流

寧宗懿璘只班

順帝妥懽帖睦爾

伯牙吾氏

元統

陳吊眼

闕文興

王氏

盡誠敬道學淵源、廣誘披金丹微妙、

是秋八月天鼓鳴於東北、越四日京師隴西地震、是日文宗崩於上都、年二十九、太子幼、遺命立鄜王明宗次子爲寧宗、是冬寧宗崩、年七歲在位兩月、癸酉皇太后命立妥懽帖睦爾明宗長子爲順帝、立伯牙吾氏爲后、改元元統、京師地震大雨、甲戌正月朔、雨血於汴梁、著衣皆赤、三月彰德路雨毛、如綫而綠、先是謠云、天雨線、民起怨、中原地事必變、時廣西猺亂、浙閩水旱疾疫、民不聊生、相起剽掠、初至元十七年陳吊眼作亂、攻漳州、萬戶府知事闕文興戰死、妻王氏被掠、義不受辱死、南方盜獨不敢入漳界、至是褒贈文興英毅侯、王氏

至元

王舜民

貞節夫人廟號雙節乙亥冬下詔以祖述之意改元至元上陽曰元至此極矣還至潯陽溢江昔吳君於此洗銅盆墮水撈之見一龍負盆出故名盆浦遊彭蠡湖一名宮亭湖湖中有神能分風上下聞德化令王舜民出入仕途三十年利不移心困不改操凡所寓以冰田自扁年五十踰二斷然有守因往任所會之揖次若久要揖手論心畧無宦累觀其骨相合仙遂用盟天以金鼎火符之秘次第授之稱號曰初陽舜民直下承當而行上陽自得田侯之助彼此圖就所事欲求沖舉而以功行未立自長春老仙慶會之後真仙聖師不輕降遊者百有餘年世之欲聞道者舉隔無路上陽乃願累行積功用是求諸仙經

八

張性初
癸觀古
周先中

授部撫按作金丹大要十卷書成後又慮世人非得口傳
寧有自悟遂携書南遊屆巳求人每過名山及諸城邑隨
方作緣開導誘掖比泊潯陽往揖張性初張白字玄世業儒
隱於醫首師緣督子玄秘既得復求上陽青城之旨盟心
不倦上陽悉授之勉疾下工復蹈之西陽子江右武寧余
舜中字观古生於庚寅季夏其年月日時皆與上陽同其地宇一道
亦相似上陽笑曰是真同年也乙亥六月八日會於寓所
即問龍虎神化之理上陽麃之曰可期以明年且戒以務
德觀古大癸悔艾晝刈填癡來春始授以有作無爲外鉛
內汞之道观古大悟果名心陽子于湖周氏子曰先中般

◎潘太初

◎歐陽淵玉

◎歐陽田玉

◎周草牕

勸問道上陽術講谷神玄牝取義而名谷陽子於甲戌秋先僧於古渝越舟之地行年四十因親老累絷弗果行願厥後事畢欲求善地以錄上陽藉其勇鋭常猶其不逮以成此集。上陽謁廬山太平宮撰當代主人潘太初惟若平生茶罷復茶有物外趣頗盡能盡神氣裕如上陽知其同心見誠與之列盟攀華為授以大道時當冬至即號一陽。上陽遂遊廬山有歐陽玉淵者聆蹤訊道志向高邁上陽語以天仙之道併長生術授之為更號玄陽其弟玉田與同里周草牕皆尚操行背棄舉業華揚星之文來訪上陽相逢淦浦一笑默契方知性理之學命玉田為復陽草

○徐仁壽

○明素蟾

○車蘭谷

虎劉左陽上陽望九宮山有紫氣至山塢如毘前曾見隱士徐仁壽向慕道且四十年自謂知玄關一竅在臍下三寸而不知玄牝之門上陽為發明之欣躍自進遂號南陽子上陽登山之北茅庵有明素蟾者字天璘弱冠辭親出家敏而好學卓犖不羣年幾三十希慕白玉蟾故以姓名仿之向之所得聞者皆似是而非時年五十八獲遇上陽懸開所以若驚若疑及聞先天烹煉神炁之道惝然大悟自號宗陽遂出山圖之明歲上陽復遊九宮深處有道士車蘭谷為玄門棟梁者四十餘年其功業殷施未任人耳目道眼識人難逢與上陽談非得要此復失之肯極加

□□多文苑號曰碧陽入世稽陽以應龍沙之讖南陽彥文年
踰冠戚便隱修身以華自愛雖力華間未嘗以一毫不善
撤於心遠來求上陽之秘拜會盟告見其誠懇以紫清月
撰許旌陽傳與鑑更數以積德明年始傳大丹改號定陽

⊙李天來
上陽東遊留於秦淮有李天來者求斯道於江湖積有年
矣雖畧聞其大端實未造於玄妙閑而趨求先令其鍊已

張臺郎
後授以黍珠時有張工部張臺郎王九江王架閣四公為

王九江
天來之霞友匡規而精進焉因東同來陽工部張毅夫別號

王架閣
定齋遊心高遠發義推仁居官三十年未嘗貪枉自歎年五

⊙張毅夫
十七王冰田觀彼德純風俗雅尚尚文學以教之上陽贈

羅洞雲

晃庭章

金陵定齋摒次誓詞以請始以回陽子字之教其親行佛子已上事張毅然戒定勇決行之上陽復還古洪九宮山有高士羅洞雲七袠逾二臉桃膚潤誅茅築菴於山之欽天瑞慶宮左偏謁真峰下噴雲巖前扁曰交泰菴王公大人並以泰菴爲其號時教主張大眞人廣求人才以虯衆山福地於是泰菴有玉隆之命陞通玄靜復明義之階玉隆自永淳胡惠超重興之後唐宋賜賚優異　時泰菴之徒吳世顯仙材暫摩肩而至欲應龍沙讖也

晃庭章來古洪見上陽因言其師起居之狀徵以爲記上陽乃慨而書之曰喜子簡直好義克繩直收祖君之志異日登講玉隆得覲尊師規範也邇聞繼陽老祖南遊於閩將

方妙智[illegible][illegible]法乳洪澤異迷告退[illegible][illegible]易遷宮中方妙智被

張腥

[illegible]林臨安邵武張腥爲主簿買以爲妾犯之則不從已五

六年矣呂祖入閩至漳恒止雙節廟與闞氏夫婦論凝神

[illegible]息之道至御見妙智塵限將滿假爲貧士詣張自言能

造墨張錦之令造一夕聞其在妾臥室談笑張急入混二

[illegible]冲霄偕去始知爲仙因吸其所留墨汁痼疾都除復出

知江州願立功以報遇仙之恩丙子歲江浙旱饑張請總

全大中

曾王大中貸富室粟賑之。免其雜役以爲息期歲豐還其本張年百餘而終

戴同甫

集慶路即金陵有積善戴家每出粟賑饑其後起宗雅齡慕道長字同甫

[illegible]儒至治癸亥歲爲[illegible]興路儒學教授年五十二患難相仍幾

戚仲甫

陳紫陽

致殞命。決志棄捐名利。專求性命之學。泰定丁卯。在瑞陽有以薛紫賢所解悟眞篇數條示之。見其箋註與諸家異。又證以父師所授。皆不合。深竊疑之。天曆乙巳。及獲全本。反覆尋繹。稍知其義。與兄仲甫參考。直與參同契相符。仲甫時爲縣丞。夙躭玄學。困於塵緣。雖知丹有內外之分。一時之女猶未能洞明。同甫以是介心。切切不忘。天鑒其誠。於至順辛未夏五月初三日。得遇武陵陳紫陽。因同仙翁道號。問之。實是悟眞的派。孫朱準然。時人爲彭豫章仙識。集於鍾靈孕秀之鄉。專心求道。至商丘。遇今是翁元王眞授箋註丹書。道成入武更兵解。因見同甫好學勤恭。遂

戴順

朱先卿　捧胡　韓法師　羅秀卿

授以藥物火候之秘同甫歸以語兄喜而不寐壬申秋武陵故友傳至象州翁葆光悟眞解與前所得無二始知非紫賢之註乃葆光道光之顯耳更想陳師所遇元王眞一所言與翁註相合則今是翁亦即無名子也同甫聞道後立願普度乃述於家字有學仙被惑學仙正宗示人循徑而入因災異覺見知世必變方欲與兄偕煉豈期仲甫先已棄世愈增警惕悟速修不三載丹成化去其姪孫順亦好道將其註疏傳世是時賊寇四起道不能行廣州民朱先卿反稱大金國建號赤符捧胡及於淡寧妖言奉彌勒佛台州民韓法師反稱南朝趙王惠州民羅秀卿鄉景山等拜戴甲爲

許景山

戴巾

張寬

許謙

許璟

定光佛、相結爲亂、河南武陟縣未將熟有蝗自東來縣尹張寬仰天祝曰寧食縣尹毋傷百姓時尉繚子自貴山來、晤鬼谷因言眞主已生可訪有根器者成就爲新朝之佐、鬼谷遂出雲夢同行適見張寬仰祝尉繚歎曰民之父母、矣鬼谷撒神沙一捏於空化黑鷹無數趕啄殆盡寬曾受業於金華許謙謙字益之初聞金履祥講學蘭江委已而學焉履祥以道自樂屢辟不就屏跡入山學者翕然從之居再歲而歸户外之屨恒滿北人稱仁山先生後謚文安、謙素多疾履祥病革時徒步往省會大雪中寒濕及奔兄璟喪於廣信疾增劇不良於行少間而神更清茂是冬十月疾復作謂子

一許元

四一朱震亨

四二李杲

元曰、伯兄以是月二十三卒我殆與之同日乎及是日正
衣冠而坐、元請言、謙曰我平日訓爾多矣復何言門人朱
震亨進曰、先生視稍偏矣、謙更肅容端視頃之視微瞑遂
卒、門人稱白雲先生、後謚文懿 時東垣李杲字明之、儒而通醫著內傷外
感之辨論補仲景宋眞之未備、震亨少舉孝廉既讀東垣
十書有感復發明陰虛發熱亦名內傷其心法諸集與張
劉李之書、並傳稱四大家、復過清溪生、傀谷授象緯之秘踢
號丹溪生、誠之曰、今天下溺矣、予將入都赤警于能救濟
蒼生、即陰功也、燕人范益醫甚精尤神於脈年七十有老
嫗云居西山、積勞共文益以倦於歸乘爲辭、嫗出頃携二

上伯顏

聞至元間有兩伯顏而何不同若此

(11)脫脫

少女至孟診而諦之曰此非人脈乃妖覺耳媪跪告曰妾本狐類久住世間得日月精氣故能變幻人形知君仁厚存活爲心乃敢求治君既洞燭詎敢欺乎孟遂與藥問何往來禁城無阻媪曰眞主在濠梁京城諸神俱往護駕矣戊寅夏四月京師大雨紅沙晝晦復雨雹如拳狀有小兒環玦獅象龜卯之形庚辰春秦王伯顏專權自恣擅貶皇后撝陷諸王其從子脫脫陳己意於帝歸與父師謀之俟伯顏出獵遂踞城門宣旨黜置南恩州病死於驛舍夏四月天旱召張太玄王京禱於崇眞宮雨大沛八月霖雨不止命禱之即日開霽臘月無雪又命祈之立應元主大喜

回吳萊　六黃溍　六柳貫　至正　回吳直方　回巙巙　一拂郎

賜以上尊且語近臣曰朕煩天師多矣可錄前後勲績備載制詞頒制加知集賢院事乞還山詔百官宴餞其道行顯著褒賜於朝者不憾於父惟與處士吳萊善直方萊不仕居深褭山中窮經史以著書爲事善論易黃溍柳貫咸稱重之○及卒私諡淵頴先生與脫脫爲世弟兄常以良言相勸勉已改元至正以脫脫爲右丞相錄軍國重事幼岐嶷及就○學請於其師直方曰使脫脫終日讀書不若日記嘉言善○行服之終身也○至是中外翕稱賢相與學士巙巙協心圖治拂郎國貢異馬長一丈一尺三寸高六尺四寸身純黑後一蹄白○元主大悅巙巙曰人主當以治平爲事其他非宜好也癸未春詔修遼

揭奚斯 金宋三史脫脫爲都總裁侍講揭奚斯同修是冬得寒疾卒湘漢江淮之故友常言陳觀吾之奇博故奚斯遺表擧賢亦與其列徵聘不應上陽自閩回四五年來俯身勸誘

趙仁卿 山東濮之朝城令趙仁卿年將知命專志養生棄憤之暇至古洪問道上陽察其從事幾三十年厚德化民顧神實氣因其能而命曰扶陽子授以大道

趙伯庸 其子伯庸年二十餘志趣超然隨父至洪會上陽於金塘之間啓三教同歸之旨上陽與明無二道無兩心其理一致也遂進之曰致陽子伯庸悟徹砥礪而成至正辛酉夏上陽在湓江錦城

夏彥文 夏彥文年甫半百叅學至堅醫卜百家之書莫不精究至於

道學尤爲切念聞名來叩不二法門志專警確指以一貫之道號之曰得陽古洪鄧養浩（初名希孟 後更順）雋拔不檢細行嘗於優曇僧言下有悟復於化陽翁密有所傳自稱鄧眞人終不得正心誠意之道妄作妄爲多致顛蹶聞上陽來遊豫章進謁不得二語明且復來竟日坐閱斯旨月餘三往返疑信與俱遂有請焉上陽乃從容接以數語曁晨與雲朋張愛謙至邀供於家列欵再三上陽始挫其狂懺其已往俾發願而問然後披肯城所蘊之秘養浩不覺悲泣勇猛修持亦號南陽子汴之韓國儀數問道妙往復不勞上陽與講善養浩然之氣是集義所生非義襲而取因名

谷眞息 谷刺魯 奉議公 何生善 陶唐佐 田亨父 杜本

之義陽子盡授大還火候。癸未冬日上陽深隱梅山，有自號眞息者十二，特來訪道，叙爲谷刺魯之後裔、奉議公之子也。蚤歲即慕眞道，莫得究竟，有何生善者與談玆事，且使之來探太易之道。上陽喜其情眞語實，乃授坎離交易之道，名之眞陽子。江東之東浣陶唐佐，年七十餘，參師匪懈。是夏四月，因東平田君亨父致敬謁上陽於鶴兒山頂，叩青城翁之玄。上陽爲講金公本是東家子，即恍然有悟，因號之東陽子。是冬使命來聘上陽，踈遁入靈墟寂蔚靜。巳化去，再徵處士杜本。本於武宗朝被召至京，尋歸隱武夷山。文宗徵之不起。至是使者趣至杭州，稱疾固辭。甲申

三完者圖 春又徵處士完者圖董立李孝先張𧖴等惟𧖴不至自以

三董立 道陵後裔移入龍虎山嗣師太玄還山後棄絕人事逍遙

三李孝先 自娛將爲五嶽之遊先登泰山九月舟次呂梁薄暮有老

人求見容語移時而去明日遽命返舟真子抵寶應化於

四十代 舟中弟子奉柩還入鄱陽湖至雲錦溪有二黑龍護舟旋

行不六日泝流而達乃葬於南山時冢子尚幼衆議嗣德

張嗣德 爲嗣師師與材以斗字太乙少入都與夔夔論修身之要有默契

焉夔夔字子山東里氏善真草隸書至是乙酉夏卒地無南北人辨賢姦

方仙少有過從便受譴責世人汨於利欲日積月累爲

過不知凡幾豈能幸免噫可畏哉

道成而來具諫通固宜韜晦此二場之遊去爲高也若

漫然應召朝廷致問還將談個甚麼

○阿魯圖　李綱　錢九五　熊似葉遷　散

○○堪輿派譚子發明　○○四果徒鐵冠辨惑／

片紙之存、人爭寶之、其學與李綱阿魯圖俱得之、許衡丙戌春山東地震七日、九月邵武地震如鼓聲、丁亥元旦日食大寒而風、朝官皆仆、是冬沿江盜起、有司莫能禁、戊子春、詔修后妃功臣列傳、追憶張太玄前勳、召嗣師欲大賚之、不至、有錢九五者、淳安人、居蜀阜、幼習五雷天心正法、採樵山中、有雷部神為孕婦所厭不能去、九五與之洗釋、因授呼雷法而去、嘗求桑於江村人弗得、書江村風拔木數千株之、須臾大風盡拔其木、時方旱、縣尹俾求雨、應禱而降、乃往龍虎山受籙道、逢二老對奕、啖以數果、精爽倍常、命撫

傅公虎蝶

舒惟寅

虞汲

揚母

一松倒植之誓曰此松活則道可傳九五別去後四二老
猶在而松固無恙授一石盒中有四石子戒以勿啟曰後
可會於商山遂去俄頃錚錚有聲啟之見雙蝶颺去僅存
其二自後有二神人呵護九五既歸適天師至九五方飲
戲以栗殼置杯中咒之天師舟不能發詢知其故致謝乃
得上因命弟子舒惟寅入京已即回山精修九五後亦不
復爲人行法自云神不復至尋隱去所居法水旱霖雨京
井猶在
城崩孟秋日食惟寅翰學士虞集曰都崩日蝕根本搖動
吳集字伯生允文五世孫父汲黃岡尉遷居臨川崇仁集
與吳澄善嘗遊徐州雲龍山開大曆初有盜見范增
墓有光氣發之得古銅劍像以增仙化遂倡
爲題詠[illegible]早歲與弟槃

虞槃　楊載　范梈（所至興學，教民習理，究滯卓然，自樹於𣲖，從官經歷，至順初卒。）　彭炳　方國珍

構書舍爲二，左書淵明詩於壁曰陶菴，右書堯夫詩曰邵菴。（故集稱邵菴先生）與惟寅言性理，逾月遂卒。（贈仁壽郡公。）集表兄楊載（字仲宏，杭州人），爲寧國府推官，當時稱范、楊、虞、揭爲文章巨擘。是冬十二月，載忽曰：「古之災異至此極矣，盍歸乎來。」明日坐逝，門人訝其先知。己丑夏，棗陽張氏婦生男，甫周歲，暴長四尺許，腦腹擁腫，如俗所畫布袋和尚，咸以爲怪，未幾死。庚寅冬，元主知多不祥，廣徵賢士以裨政治。辛卯春，徵建寧處士彭炳，不至。（鶴林之曾孫，爲武夷之後。）隱居幔亭峰下，讀書樂道，與杜本爲隣。台州方國珍聚衆海上，亦以厚幣聘彭、杜，辭曉數曰不得。是夏，詔修河防，發民十七萬，開黃河故道，

韓山童　劉福通　韓林兒　天完　徐壽輝　鄧二　趙完普

先是童謡云石人一隻眼挑動黃河天下反及開黃陵岡果得石人一眼而汝頴兵起矣初眞定韓山童祖父以白蓮會燒香惑衆至是倡言彌勒佛下生愚民翕然信之頴州劉福通欲同起兵事覺縣官捕之急山童就擒其子林兒逃去蘄州徐壽輝以妖術聚衆紅巾爲號據蘄水國號天完僭稱帝冬十月信州邵武衢州雨黍民多取食之江西妖人鄧二作亂壬辰春嗣師募義兵保障民賴以安初武宗遍訪故宋之後詔賜以官文環生以恭宗次子宋完普上告召見欲官之完普固辭武宗呼之爲和尚復姓趙仍以封地給之至是御史等言河南江淮羣盜輒引亡宋故號爲

谷公　楊級　徐達

口實宜遷之遠地乃安置完普及其親族於沙州令有司給其孳養鬼谷易曰谷公前遊河南傳術於楊級今復遊江淮見諸豪傑堪爲從龍之佐而無可當帥任者定遠劍山有大禹所遺神劍驟兩後或植於道旁見者欲取不得夜必有光發現谷公收之其地李氏子善長生有異徵公見之曰此蕭何也至濠州城外永豐鄉一少年昂藏英偉臨溪而立若有所思乃前撫其背曰何不乘時用世而優悠自度耶少年回顧肅然起敬邀至家拜曰徐達方切尋師幸有以啟之公出一册曰此淮陰之所以興劉子可細玩遵再拜受之初字國顯公爲改曰天德授以劍曰佩此

張景華 冷啓敬 胡日星 劉基

可[illegible]泉克敵遂別去達濮閎未有雲夢山房四字方知鬼谷鬼傳潛心靜究公復至鍾離皇覺寺見一行者隆準龍顏的係眞命因念能與不遠遂回山命弟子張景華冷啟敬等下山隱見隨時以立功行其時尉繚往蘇州相城會友言此地當產賢材但非目前積餘五十年後友顯嶋其友書視之乃去遊淅閩知容成託跡處州赤松已授其諸葛心書并素書道法繚欲還山路過金華胡日星見有道氣因授以星算之術且曰子相犯刑數不可免以刀解之法授之容成曾假名劉越今仍寓於劉氏名基字伯溫爲屏山四世孫祖父隱而不仕基幼穎敏十七歲舉進士初任高安尉聽

訟如神有民家女為祟所魅亦來粒訴基詢其狀教其識夜遊處至夜女復為祟攜去至明語父母曰已毀其門神

⊙五通神之左目以女言來復基令遍閱神祠至俗所祀五通神廟而門神左目果毀命焚其像廟祟遂絕基託疾棄官躬耕

⊙譚寬奉母有內親譚寬字仲簡精堪輿術時稱地仙基求之仲簡

⊙譚文模出書示之曰此傳家眞寶一粒粟也上祖文模公有總索撼龍經等名方期秘傳子孫不敢輕泄獲罪於先人奈我年邁子幼恐失其傳今傳之表姪壻我祖陰靈諒不我責汝其寶之基拜受形家源派自漢化入楊筠松字長茂探管輅之星數郭璞之宗狐首經注青囊天玉等經及鈐記圖

楊救貧　救貧立心指迷隨緣濟度時呼為救貧仙人為大唐國師以白

賴布衣　訣傳賴布衣（字采山）曾文辿劉江東胡矮仙李子華文辿（字徐

曾文辿　行）贛之雩都人好道術經緯地理諸書靡所不究常遊萬載縣愛

劉江東　西山之丘謂徒衆曰死葬我於此術可行於萬世及卒遂

胡矮仙　葬其地有徒廖瑀（字金精）在豫章見之歸啟其墓無有也蓋

李子華　已仙去唐初河間文喜縣人丘延翰少嗜至道遊太山於

廖金精　石室遇太乙真人授海角經（即地理書）歸家誦習遂達玄奧開

丘延翰　元中常為縣民葬埋感召天變太史奏文喜有天子氣朝

吳法明　廷督州縣遣兵鑿斷山岡訪知延翰所扦丘匿民間數年

時德興人吳法明以堪輿之學為唐國師啟帝赦丘遂下

詔原免召赴闕廷賜亞夫之官勅收其文秘以玉函金篆

克誠

號八字機法明盡得其術玄孫克誠紹世業以卜筮養親

景鸞

尤恨未造至理往師陳希夷得通秘旨晚年子景鸞年四

王直方

歲及長字仲祥號白雲別學易於王直方洞曉玄妙術日益精天

樞閣詔命有司舉天文地理者進用縣以景鸞應選後與

邢中和

趙人邢中和爭論牛頭山地不堪埋葬疏一上真宗怒囚

於監至次年營山陵有水石中和伏誅赦景鸞復台州籍

吳女

户來幾卒無子凡宗師心法悉付其女女適張公叔明許

張叔明

處州後以其術授廖瑀集洩天機書大顯於時在樂平十

八都前山下為朱氏扦一虎形極其凶惡留記云半夜天

五

㊃朱仁九妻八百丁葬後半紀有仁九者只一子名拱年二十而新

拱　婚婚之夕睡至夜半隣家逐虎聲喧拱驚覺似火燒之聲

倉皇披衣出户遇虎被傷而死僅片刻之令婦即懷孕後

遺　生男名遺生九子十二孫人丁蕃旺鄉人咸稱虎咬山下朱家初龍圖

李唐卿　學士李唐卿委楊筠松在虔州武岡山尋吉穴筠松夜夢

四二金甲　二金甲各按劍連喝曰地仙莫錯唐卿蒞政酷虐神人共

怒不宜居此福地我天差也汝不信其不滿十日死於非

命爲騐汝故爲之則受殃矣醒而嗟呀其事果十日飛符

取李首級筠松歎曰吉地有神司守積惡者烏可得也悉

以所秘授劉江東江東傳譚文謨即寬之十八世祖至是寛傳劉

基基復開明救貧之天機水法賴公之催官砂水註述劉秉忠之平砂玉尺又名滅蠻經採黃蘗黑囊土牛之微乃自著披肝露胆眞訣行世暇遊本郡諸山觀察勝地至括蒼少憩於石一老亦植杖就坐視基曰觀子神骨俱淸若能學道神仙可期對曰此本願也思欲如子房功成身退辟穀嵩山耳（自道也）叟笑曰子房得黃石秘傳始能如是子欲方之寧有所遇乎基曰翁則近似黃石叟曰談言微中信有根器余家不遠能一顧否基偕行數里見屋數椽柴扉靜掩叟啟入基覩其室幽廠絶無纖塵童子獻茶叟出一編曰前半爲象緯兵陣奇門秘訣悉備於中後半爲批中素書治

圖修身還原出世之道基頓首而受叟曰留侯吾徒也子不可以後之送出基詡而回顧要封山徑矣及詢於人乃金華赤松山也益信爲黃石公終日將書熟玩倆與讃友載酒遊西湖見西北雲色異常映耀山水衆分韻賦詩基縱酒不顧曰此眞天子氣也應在吳頭楚尾不十年我當爲輔汝輩識之咸以爲狂基去遊金陵遙望諸山王氣曰

孫炎

此眞帝王都也遇一人道裝跛足自云江淮孫炎因未遇眞主放浪河山基悉以已意告之炎曰曾遇葛仙翁授道且云眞主降於濠梁今聞宋克明精於象緯將往龍游訪

宋克明

之遂同至衢克明已亡時徐壽輝略陷杭州炎留居青田

周

癸巳春張士誠舉兵據高郵（泰州白駒場亭民稱誠王）京城大饑癘民

張士誠 或父子相食遣使問道贈信州張嗣德太乙明教廣玄體

四十一代 道太眞人授嗣師正言明誠凝道弘文廣教大眞人命醮

張正言 於山正言命弟子程天翼入謝元主追贈歷代嗣師眞人

程天翼 寶號俾天翼賚勅還山右丞相哈麻陰進西北僧於帝行

上哈麻 房中運氣之術△又進西番僧善秘密法者帝皆習之荒於

西北僧 遊宴以宮女按舞宮中每讚佛號則按舞奏樂命造龍船

西番僧 自製宮漏甲午夏張士誠寇揚州命太師脫脫督師至高

郵連戰大捷哈麻劾奏其無功詔削官爵安置淮安時淮

葉宗可 楊爭戰積屍滿野有葉宗可避亂至夜度不能行乃雜衆

移居道士

鐵冠道人　西僧有能奪舍者此死彼生指示弟子以居處佳兒而養焉

屍中卧地月下遙見一道士童子執燭籠前導至屍旁道士以燭燭羣屍凡婦人老少羸瘠殘廢者提擲之輕如飄葉俄得一壯男子骸體魁碩道士細視喜曰雖傷無害乃解衣與之合體相抱對口呵氣入屍中久之道士氣漸微屍冉冉動俄而欠伸開眼遂推道士於地蹶然起立仍令童子執燭導去宗可異之言於人皆驚怪有一戴鐵冠道人至（即張景華）因質之道人曰此四果之徒如接木移花耳佛氏謂須陀洹斯陀含阿羅漢阿那含是也張紫陽詩曰投胎奪舍及移居舊住名爲四果徒若曾降龍并伏虎眞金起屋幾時枯自後常遊江之南北或言人吉凶皆驗乙未

宋

龍鳳

劉

汪嫗

高彬

秦劉福通等迎韓林兒爲帝據亳邑國號宋稱龍鳳年聞孔林有天子手植檜高五丈餘形如石筍每聖人出則發一枝至戊辰年其檜特發一枝甚茂林兒攘爲己瑞故僭號焉實應明祖肇興

朱四君元龍行四年十七父母同月辭世長兄次兄相繼歿家貧不能具棺與季兄謀草葬山谷昇至中道綆絕季還取綆忽風雨雷電天且晦及雨止晴明則屍已沒土中矣田主劉大秀以爲天意遂歸其地時歲荒季劍就食他境四君無依鄰有汪嫗爲禮送於皇覺寺師事老僧高彬居兩月彬卒寺主散遣徒衆度荒四君乃出遊西歷金斗東抵光息北至頼川道中嘗遇疾有兩紫衣人與之偕覘其寢

十李楨　十李文忠　十郭子興　十孫德崖　右玉女耶　十丁德興　十沐英　十胡大海

息病愈二人不見又嘗夜陷麻湖澤中見羣鬼向之拜稱
迎聖駕叱之俱隱盱眙李楨（四君姊丈）業漁善鎗棒鄉里富家
延之教習四君止其家累月甥文忠（甫十歲）英爽如成人四
君崎嶇四載仍還皇覺卜行止於伽藍神盃筊遂萌舉義
志壬辰春郭子興與孫德崖據濠州（自稱元帥）四君入濠郭帥
以爲親兵事必與謀以養女馬氏妻焉（稱來公子）丁德興薦李
善長智謀文學招爲參軍及畧定遠有十歲童往覘軍容
公子憐之育爲子名英（後賜姓沐）善長因舉徐達學匠孫異即
同往聘達應聘至公子議取滁泗孫炎說泗州守降以兵
按滁州虹縣胡大海來投公子迎郭帥至滁爲滁陽王明

十常遇春
十吳楨
蔣忠
十俞廷五
福壽

年克和州懷遠常遇春來歸滁陽命公子爲總帥徐達爲
元帥未幾滁陽薨總帥立其子道明爲和陽王加德崖爲
都督守濠德崖忌之請宴欲圖總帥慨然赴會吳楨蔣忠
從孫將舞劍佐飲楨劍法仙傳出而對舞忠提鎚負帥出
楨挾德崖護行數里始放復率衆來追徐達命大海至矜
擊德崖總帥謀取金陵適巢湖水帥俞廷玉同三子率軍
艘來降總帥引舟師乘月將進至采石遇春一躍而登徐
達急攻太平守將降元主招諭諸起兵者不應是冬哈麻
矯詔殺脫脫丙申春哈麻欲謀廢立事發伏誅朱總帥
兵取集慶路元福壽死之改爲應天府迎和陽王都金陵

○○詹良臣

至封總帥爲吳國公公問降將詹良臣此地有賢才否良

○○金碧峯

臣曰有頭陀金碧峰頗有所蘊鬚長尺餘今寓宣州公至
宣歙之仗劍叱問其名僧亦叱之公按劍欲擊僧引頸就
之公笑曰曾見殺人將軍乎僧曰亦曾見有不怕死和尚
乎語遂契容陳平一之謀復云建康有地可王此不足居
也公遂回後建寺京師延碧峰主之是月有兩日相盪丁酉春公命達

○張士德

取常州張士誠遣弟士德來援達擒之羽翼不張智勇俱困

九五已得呼爾之法二老復授以道已超術士之上矣
第方從天師受籙還即感之似欠淳厚
龍遂歸舟益識道妙非若貴家子弟藉蔭於祖父也
黃帝爲兵法之祖而風后容成俱當時良佐一以精漢
一以輿明得天下之正亦復相似眞爲奇絕
旁門種種非具慧眼者鮮不被惑鐵冠之辨誠足醒人

張士信
湯和
朱亮祖
○王十朋絶齡化體亦矣為野抱石者耶初知饒州郡若久旱下車即雨
陳友諒
倪文俊
○余闕
郡排[illegible]

○○○邇過遣傳沈萬三　○○○周顛法救朱太祖
士誠復命弟士信困遷又大敗達命湯和當常州遇春取
寧國路平章萬户朱亮祖出戰擒之遣將徇嶽池皆下將
攻方氏是夏聞温州樂清縣河龍鬪毒龍神王十朋所化為高僧開示而逝見語録
颶風大作所至有火光如毬死者萬餘人遂緩其行元
大都晝霧昏暝不辨人物旬有五日公知元運不久乃先
取揚州路士誠請降於元詔為太尉士誠西結陳友諒為
勢友諒沔陽漁人子從徐壽輝起兵及倪文俊欲謀壽輝友諒
襲殺之并其軍自稱平章殺成友諒陷安慶余闕血戰六
[illegible]援絶城陷自刎妻耶律氏子德生女福童皆赴井

姑太夫求屍葬之初褚不華守淮安五年與賊數百戰糧盡城破爲賊所執子伴哥亦死三月僞宋毛貴破濟南路董摶霄與弟昂霄父櫱遺見二小兒於樹下抱歸育之及數齡極聰慧稍長常有異人至家共語後舉進士從教化復杭州七戰皆捷壽輝將犯徽州軍中有道士能作十二里霧摶霄擊之焉到處霧輒散賊大潰擒道士焚其妖書而斬之以功陞同僉淮南行樞密院事陳屯守方略不報濟南告急詔拜摶霄河南右丞甫拜命賊兵猝至時營壘未完摶霄曰今日當以死報國拔劍督戰賊突前刺殺之無血惟見白氣衝天弟昂霄亦戰死賊驚懼爲殮而葬之後

僧住　孟月庭　葉琛

他賊發其棺風沙忽起惟二白虹飛旋而上福通攻下汴梁迎林兒居之時和陽王病殂公取建德路婺州路守臣僧住死之(改寧越府爲金華府)公親書大旗二面云山河奄有中華地日月重開一統天並於城樓命開郡學已亥春招諭方國珍國珍以温台慶元(明改寧波)三郡來獻是秋元復汴梁福通走安豐公遣使撫慰收級壯兵進取衢處州蘭溪僧孟月庭精象緯之學大海獲之以獻公問所師曰龍游朱克明公乃立觀星臺於其所居寺東常與登臺仰視至夜分始下悉晰其義隨歸金陵令蓄髮娶妻備見優禮(後滋讖訓諭成和州復杖殺之)是冬命孫炎往聘葉琛宋濂章溢劉基基初至據

回章溢
回宋濂

見子與甚庸退遇朱公聳然曰眞吾主也深自結納入姑
蘇見士誠曰貴不及封侯何能久也去而之鄞黃見福通
之漢陽見壽輝友諒謂皆不足數入台州見國珍徵示以
明哲保身遂回家奉母以待天時至是炎承命來聘基辭
母進謁公創禮賢館處之方進午膳公命詠班竹箸基吟
曰一對湘江玉細攢舜妃曾灑淚痕斑公顰蹙曰秀才氣
基曰未也續吟云漢家四百年天下盡在張良一借間公
大悅曰先生吾子房也月令二儒士進講經史敷陳治道
是冬亦以御酒龍衣賜張士誠徵其海運糧米士誠以幣

回楊維楨

聘楊維禎甚急勉至姑蘇飲以御酒楊作詩見志遂不强

歐陽玄　張天雨　顧阿瑛　倪瓚　王仁輔　黄子久

留維禎字廉夫別號鐵崖會稽人任元為提舉詔修遼金三史作正統辨歐陽玄讀而歎曰百年後公論定於此矣棄官歸家拄亭高介越俗時張天雨倪瓚顧阿瑛等皆重之天雨字伯雨九成之裔家於杭風采凝峻詞翰兼長與趙孟頫楊載虞集為文字交嘗遊茅山得上陽子金丹道法秘修之號句曲外史瓚字元鎮無錫人博學好古工詩畫家故饒貲至正初天下無事盡鬻家產得錢盡散與知舊人竊笑之乃獨扁舟蓑笠往來湖泖間以清吟自適號迂叟及兵起江南富兒皆被剽掠洪武初又以次誅徙殆服其知幾其師王仁輔老而無子迎養至歿為制服執喪營葬士論義之所畫多雲林竹石人稱雲林先生富陽黃公望字子久別號一

沈萬三

張翥

柯九思

張三丰

峯自稱大癡道人以丹青名世與雲林畫並珍、阿瑛崑山人字仲瑛少輕財結客豪宕自許富與金陵沈萬三埒年三十始折節讀書築別業於茜涇西曰玉山佳處時迎鐵崖雲林諸名士賦飲其中園亭圖史及饒館聲伎並甲一時、河東張翥天台柯九思等皆與之遊士誠徵瑛不赴母喪廬墓側讀釋氏書有悟遂祝髮號金粟道人萬山秦淮大漁户心慈好施其初僅温飽遇真師張君實字玄玄號三丰子遁號昆陽遼東懿州人生有異質、龜形鶴骨大耳圓目身長七尺餘修髯如戟頂作一髻或戴帽月冠手持刀尺一笠一衲寒暑御之不飾邊幅人目為張邋遢日行千里所啖升斗輒盡或辟穀數月自沈萬山心知

火龍先生

其異常身然鮮煖酒邀飲於蘆洲苟有所需即極力供奉偶於月下斟酌三巡謂曰予欲聞予之出處乎萬山啟請三丰撚髯曰予當生時一鶴自海天飛來咸謂令威降世後知丁公仍在璽墟予思彝亦人也予豈不得似丁公每嗟光陰之倏忽存沒富貴如風燈草塵以是日夕希慕大道棄功名撇勢利雲遊湖海訪拜明師所授雖多皆旁門小法與真道乖違徒勞勤苦延祐間年已六十七心命惶惶幸天憐憫初入終南即遇火龍先生乃圖南老祖高弟物外風儀予跪而問道蒙師鑒我精誠初指煉已功夫次言得藥口訣再示火候細微溫養脫胎了當虛空之旨一一

備悉於是知欲進斯道者必須法財兩用予素遊訪兼願
好善傾囊倒篋殆盡安能以償夙願不覺憂形於色師怪
問之予揮淚促膝以告童蒙授以丹砂點化之藥命出山
修之立辭恩師和光混俗將覓眞鉛八兩眞汞半觔同入
此係外丹
造化爐中煆煉轉制分接九還已周籍此貲財以了大事
由是起蓋丹房端坐虛心養氣虛氣養神氣慧神清廣覓
藥材時飲蟠桃酒朝飡玉池液如醉如癡補氣補血但得
此係內丹
汞有半觔可待他鉛八兩月數將圓金花自現十手捉虎
擒龍採得先天一氣徐行火候烹煎自合周天度數知復
姤進火退符識卯酉防危慮險十月功完聖胎顯象九年

沈妻

沈女

面壁與道合真所謂跨鶴青霄如大路任教滄海變桑田也言訖呵呵大笑萬山聞言五體投地一塵愚願以救濟非有望於富壽也三丰曰雖不敢妄洩乾傳亦不敢祕點開道子已稔知子之肺腸當爲作之於是直辦藥材擇日起鍊七七啟視汞鉛各道三丰咜咄不已萬山自謂機緣未至復盡所蓄并賣船網以補數下工及半忽汞走如焚茅蓋皆燬萬山深歎福薄三丰勸其勿爲夫婦毫無怨意苦留再鍊奈匱貲財議鬻幼女三丰若爲不知竊喜其志堅一任所爲令備制煉之汞招其夫婦至前出少許藥指甲挑微芒乘汞熱投下立凝如土復以死汞點銅鐵悉成

丹法至此竟

成鶴突萬山必有秘悔

于朱文遜　于花雲　于孫氏　于花煒

黄白相接長生三丰畧散丹頭臨行曰東南王氣大盛將晤子於西南也遂入巴中萬山以之起立家業安爐大鍊不一載富甲天下凡遇貧乏患難廣爲周給商賈貸其貲以貿易者遍海内其丹室有一聯云

八百火牛耕夜月　三千美女笑春風

世謂其得聚寶盆故財源特沛斯時世亂兵荒萬山罹有禍患乃毁棄丹爐器皿自號三山道士亦稱萬三城西南三山街即遷處會同館是其故居後湖中地是其花園庚子春東南有五色雲現陳友諒乃幽壽輝自稱漢王陷太平朱文遜戰死院判花雲被縛升檣叢射殺之妻郜氏赴水死子煒三歲侍婢孫氏抱以逃除瞀珥付漁

[illegible]氏

家鞠之次年友諒兵敗孫負兒傲舟渡江値潰卒擠於水得斷木附之蕩入荷渚孫取蓮實餵兒凡七月不死遇老父以舟送至金陵國公命賜金勞之老父長吟曰

曾從涿鹿戰蚩尤拔翮高翔秦欧蓋上苑偶然陪漢武仙都玉闕任遨遊

忽不見蓋王仲都偶遊江淮見其忠義親送還都是夏友

康茂才

諒稱漢帝約士誠同侵建康公命康茂才誘友諒至邀擊大敗遂復太平是冬甘露降黃河清凡三月辛丑秋友諒

十傳友德

復陷安慶國公親往其將傳友德降師至龍興路守將皆降攺洪都府命孫炎知處州府事降將拘炎不屈遇害遂借廝

惠去
明玉珍
天統
周顛

傳刀解而化胡大海愆趣討亦爲降將刺死李文忠勦殺之復金華處州朧獨明玉珍重瞳駢脅聞友諒弑壽輝守夔關不與通時有日月天統珍子主龍之謡癸卯春生珍稱帝國號夏改元天統士誠攻殺福通據其地國公擊走之友諒忿吳月强作大艦空國來攻洪都威且壞公發舟師二十萬往征有周顛者建昌人年十四得顛疾行乞於南昌比長舉措詭異嘗至金陵公每出顛必遮拜稱告太平公厭之命沃以燒酒顛飲之不醉心欲除之顛曰公寧能死我乎乃覆以甕積薪煅之火息啟視正坐宴然如是者三乃置之顛笑曰我師曾經烈焰中觀音此何足道[illegible]從父遺於命

居蔣山寺曰兢撓諸僧與沙彌爭飯僧白國公遂不食半月公命閉於空室勺水不與者旬有三日遣問如故公至視之顛伏道左以手畫地爲圈曰你打破這桶另做一桶（桶音似統）至是往征友諒公問顛曰彼已稱帝今我取之不亦難乎顛仰視空中曰上面無他因命從行舟至皖城苦無風遣問顛顛曰行去自有乃令衆挽舟行不三里風起既而益大倏忽達小孤至馬當江豚戲波中顛曰水怪現前行損人多左右以報公怒其惑衆令投之江久之衆與俱來曰顛擲不死衣不濕公更與同食乃整容斂衣若遠行狀伸頸向公曰你殺之公曰且未殺姑縱汝行顛遂去矣

韓成

謙牧

望鄱陽友諒迎戰於康郎山下三戰皆敗三弟俱死公至馬家渡舟膠淺水被圍不得出韓成願代死退賊請公衣冠服之對敵投水死賊乃緩攻成虹縣人生時頭有肉角如指有僧尚其父曰此子是金牛星下降生死都奇摩其肉角覓倒於頂父問其法號僧曰名謙牧向樓小有山將遊建康迅步去成長歸吳因貌類公故願死誑敵未幾諸將衛圍合兵復戰殺友諒次子道軍師劉基至論破敵之策曰取金水兩犯日以火攻之必獲全勝選日攻其水寨夜半乘風縱火漢兵大亂天明基忽躍起大聲曰難星過速更舟公即過他舟回視所坐艦已為飛砲擊碎友諒冒死

郭英　突出郭英追及箭貫其睛而死餘衆悉降張定邊以小舟

張定邊　載屍及其子理歸武昌復立爲帝將征友諒時鐵冠來見

陳理　曰明公龍瞳鳳目日月麗天輔骨侵鬢貴不可言但四維

滯氣如雲深月偃必待神來煥發即受命之時也慮在千

日內邊地驛馬有驚氣南行遇敵切須戒慎至是淺水膠

舟砲擊坐艦曾坐柁樓觀戰飛矢將及舟人梅梢急撤其

梅梢　座倒而免果如鐵冠之言臨去贈一圖內藏謎讖公留而

秘之初諸將請正位公問翰林朱昇劉基之道對曰高築

朱昇　牆廣積糧緩稱王公深然之甲辰春正諸臣懇請始即吳

王位建百官司屬以武昌圍久不下親往視師都諭陳理

由降湖廣悉平壬秋士誠亦稱吳王（壽輝稱周帝）通貢於元結好

於夏乙巳冬大都雨毛長尺許或曰龍鬚也元主命捨而

祀之丙午春夏主明玉珍殂子昇立是冬吳遣徐達遇春

取湖州敗士誠於皁林進拔湖杭嘉紹羣臣請立宗廟社

稷宮闕制度定議以明年爲吳元年命基相地乃以前湖

爲正殿立椿水中王嫌其逼少徙於後基至問誰所移王

曰我也基徐曰如此亦好但後世不免遷都之舉新築京

城宛王閣之顧基曰誰能踰此高城基笑曰除是燕子會

飛入耳（時諸王封號未定已知燕王南來）宗廟既成命泠謙考正雅樂音

律及諸樂器定樂舞之制丁未春（吳王元年）定[illegible][illegible]仁[illegible][illegible]

○修羅神

法傳報絳州夜聞天鼓鳴其聲如空中戰鬭明旦下方多有拾取兵器者。修羅神時與諸部天將交戰天之暴沴悰邪之氣鍾化爲魔君性貪穢嗜劫殺常欲奪取天位下世凡諸謀逆圖害及兵陣橫亡者咸歸爲軍將上帝降命征勦旋掃盪消散然終不能盡滅積久衆聚復起流於人間。即爲惡類。伏於山谷搜覓枯坐未成之僧道肇略之。故學道者大隱在於市廛也　夏六月朔日食元太子愛猷識理達臘寢殿後井中有龍出光焰爍人宮人皆驚仆是秋吳王欲除左顧之患命徐達攻姑蘇累月不下劉基往察形勢遇周顛張金箔於胥門下延入軍中共議金箔謂曰城形似龜盤桃爲頭望齊爲尾龜性負水而出乘風則歡今暮秋時正金氣旺乘之會當擇水木干支日借風搏擊其尾其首必亂小明早俱辭去基還

閩

陳友定

鄧愈

日急吹伏劍誓戰咕誦心書秘文風雨驟至諸軍乘雨齊
上盤門果先開士誠爲沐英獲送至京王命囚之遂自縊
死冬十月命徐達遇春等北定中原諭以弔伐之意命善
長等定律令劉基等作戊申曆成與律令頒行命李文忠
朱亮祖討方国珍降之復由海道伐福州陳友定擒之胡
廷瑞平定八閩遂與鄧愈合兵趣廣東戊申春正羣臣勸
正大位以統四方楊袂正北反開襟攬群雄
白虹少昊發祥實兄弟變虹化現出勇壯生良有以也
外丹成爲內丹之聡然眞道難聞千舉萬敗方士每以
三年爲口實至受詐不悟嘗思已有萬山之福量言可
遇之苟或不然顧且置是
立國之初意氣方盛燕子飛來之語談笑出之雖智者
不及察留儀似雖一[illegible]

明太祖
朱元龍
洪武
吳涵虛
戴士先
戴母
白後皆二史諸弟子所記

●●○褒美德扎張榮後
◎念勤勞徐程錄前
是月四日吳王即皇帝位國號大明建元洪武爲明太祖高皇帝時年四十以火德王色尚赤是日天清氣朗香霧凝靄獨露中星初吳涵虛受易嚴君平賣卜於崇德日惟一課得錢米衣肉共置一處時爲犬竊去不問也無錫戴士先母病攣不能行七八年百計求愈不得士先携百錢過訪吳曰觀君寒士百錢豈易不受而爲之筮卦成曰疾可愈須有道之士治之惟姑蘇杲道人不歆勢利以君純孝往求必如志士先即抵蘇訪見拜懇道人曰吳子多口遂偕來診視數日即穩步如初戴母拔釵謝之笑曰且寄夫人處但綜

一

王杲　葛可久　馬后　太子標

我於外足矣歲餘忽曰我且死幸觀所寄鈸以辦棺窆明日果死戴如其言及將窆棺中惟伊尹湯藥本草一部是穹窿赤須子之徒王杲時在蘇城傳道於葛可久故假名作姓人無識者元主以國家削弱詔訪奇士聞涵虛之異張士誠方附元時詔命致之聘送至京令卜國運吳爲筮之曰陛下垂祚無疆直待日月並行數始盡耳元主大悅厚賚之不受而去至是大明聿興恰符其語元主巳悟國之不振矣時大明帝立馬氏爲后手標爲太子封李善長左丞相宣國公劉基右丞相安國公基固辭曰榮先人足矣乃改授太史令誠意伯賜其祖父公爵以徐達爲右丞

元世祖時象以品級爵祿使之把門出入使象背玉印前行及今將滅象背印而先北遁國人有言封臣不如封象

○○石寶全

相信國公(後改封魏)遇春中書平章鄭國公其衆文武封爵有差達已定山東進圍汴梁遇春破洛陽入潼關達渡黃河勢如破竹秋七月大都紅氣滿空如火越日又黑氣彌天人物不辨元主夢大猪突都城入宮及大明兵至通州元主立意避兵北如上都八月達攻拔燕京奏捷改北平府達率諸將攻取河北山西悉平(元太祖丙寅至是丁未凡百六十二年共十三主實繼統八十八年)己酉春進取陝西詔免北方諸處糧稅徵聘遺賢永壽人石寶全削髮有異行號璧峰禪師嘗趺坐大樹下溪水橫溢衆意漂去七日水退視之燕坐如平時後遊五臺山至是奉詔至都住天界寺召問佛法及鬼神奏對稱旨御

四十二代
[illegible]張正常

襲有玄關蓋吾已成正覺之譽先是帝命有司聘信州嗣師時張太玄家子正常襲教字仲紀號冲虛子初太玄夢華蓋山神至其家乃生幼頴特寬厚雙目燭人志於仙道秘法太玄遊五嶽指相傳卯劍曰龍星再集於亥爾當持此大振玄風及正言辭世正常於至正乙亥襲教適符其記辛丑承召因兵阻遣使上箋陳天運有歸之符至乙巳始朝京帝召見悅曰瞳樞電轉法貌昂然眞漢天師苗裔也命坐賜宴下詔褒美賜金幣還山丙午復入覲京城士庶求符者日以千百計帝諭俾施符乃篆牢符投朝天宮井人爭汲之水爲竭見土弗已疫者飲之皆瘳帝嘉之令作亭井

上號太乙泉命傳太上延禧諸階法籙賜織金文衣及還山勅中書給驛眷昇之以便朝覲戊申帝即位入賀賜宴制授正一教主嗣漢四十二代天師護國闡祖通誠崇道弘德大眞人領道教事給銀印視二品特設玄幕之佐贊教掌書等官命議給俸祿懇辭止乞如故事優免及專出符籙之事帝允之辭還賜白金五十鎰俾新其宅第至是二月特召入朝陛見賜宴三月十三日帝致祭上帝親署御諱於章勅太常設樂手播於眞又俾祝而焚之禮成賜金幣宴於文樓羣弟子饗於別館仍賞賚有差辭還山帝問北征如何對曰朝廷有福大將歸眞時常遇春馮宗異

孔希學　孔希大　孔克表　孔克仁

國用改名度河趨陝西入奉元路改西安府進克鳳翔臨洮秋七月遇春得疾謂衆曰予生時有老者至門付一函云

煌煌尾宿嬌嬌虎臣和中遇主柳下歸神

前五臺張三丰寄來亦此數字今在柳河川而病殆將死矣初無昏瞶狀數日遂逝年四十三帝聞驚悼命李文忠代領其衆柩還命葬鍾山封太保開平王謚忠武帝尚功崇儒遣使詣曲阜致祭孔子以其五十六世孫希學襲封衍聖公希大爲曲阜知縣皆世職孔克表五十五世孫居温之平陽博學篤行尤精史學舉爲翰林修撰立孔孟顏曾氏教授司尼山洙泗二書院命博士孔克仁教授諸子經功臣子弟亦令入學冬十

詹同　程翔　王偉　汪克寬

程元應　峻天　惟巖　碧泉　禹綱　繼禹　彥羽

月詔郡縣皆立學庚戌春命徐達出西安征王保保李文
忠出居庸關入沙漠以追元主前命公士詹同等分行十
道旁求隱逸之士薦新安程翔世傳理學徵之不起二年
普長宋濂王偉修元史徵山林遺逸同纂復遣使聘翔終
不赴命弟子汪克寬等入京至是詔儒臣修禮書濂曰非
吾摶霄翔字不能也奏之帝不欲強致命就其家諮訪翔號
鯤明道之裔九世祖元應為太常扈從南渡值汪黃用事
即謝仕隱歙縣之仁愛鄉子峻天生惟巖惟崧惟嶽惟巖
泉碧泉碧泉生禹綱為吳邑尉罷任寓城西之世德相承
陽山主繼禹復歸新安繼禹生彥羽即翔公也
婺源朱韋齋嘗造碧泉論道後繼禹亦從文公受學師友
淵源至翔益篤於學著孟子辨疑易說等書濂基皆服其

倪母

程瑤

元主愛猷識理達臘

論或諷之仕笑而不答微吟曰人爵不如天爵貴功名何似道名高屢聘不出朝廷比之商山皓子名瑤字光將議時母倪氏夢神人以赤玉授之而生幼不能言見書則翻閱九歲始言則六經子史俱能背誦矣倪母卒瑤哀毀如成人自是日勤於學所謂孔孟心傳河洛宗旨已貫通焉年十五翔與窮性命之源旁究老莊兼採釋典樂家庭之樂而世慮弗及也是年詔免應天徽州等十三府州糧税時元主已殂太子嗣立帝以其知機謚順帝親製文遣使祭之李文忠出野狐嶺至開平進圍應昌下之獲元主孫并后妃宮人諸王省院等并宋代玉璽金寶等物嗣主與

基謂萬[illegible]之子孫天[illegible]之弟也

數十騎遁去文忠率精騎追至紅羅山見瑞獸角端發聲者三知上天示儆乃引兵還送俘獲至京省臣請獻於廟帝曰雖有其禮不忍加諸封元主孫為崇禮侯賜第龍山

劉天淵

明天淵者仕元為學士美鬚髯長過其腹元亡削髮為僧而其髯如故至是召至帝曰汝不欲仕我而為僧吾固任汝然留鬚亦有說乎對曰削髮除煩惱留鬚表丈夫帝笑而遣之鄧愈奏命招諭吐蕃甘朵烏思藏等部皆來歸帝以天下平定命劉誠意卜國祚年數基曰已有定數不必卜也陛下萬子萬孫天地同休帝忽之以與鐵冠所獻之圖相符大悅復勑吏部改贈張真人父太玄為輔化體仁

徐天明 卞母

應道大眞人嗣成為正一教主太玄弘化明成崇道大眞人改封母為恭順慈惠淑靜元君秋八月召見問以鬼神情狀更給掌天下道教事銀印并永掌天下道教事之誥以寵之乃還山帝渡江時漢昭烈后孫夫人以陰兵冥助至是勑封靈濟夫人新其廟貌御製律詩刻於廟額帝嘗微行暮至朝天宮前一婦人衣衰麻據井而哭復大笑帝怪問之曰吾夫死忠子死孝乃不能保三尺土乎遂躍於井帝將遷卞壼塚感而止題其碑曰有晉忠臣孝子之墓帝初渡江和州城隍神亦嘗顯靈護駕於是親製誥文勅封承天監國司民靈護主時有徐天明得郭景純之傳上

書言災祥修短之數帝惡其惑衆問曰汝自知死所乎對曰臣當死於緋衣小兒之手帝故令一老千戶衣青押斬之後問老千戶姓名乃裴嬰也所云緋衣小兒初建鄴時城西門內有吳大帝陵當事者奏欲去之帝曰孫權亦一好漢子宜留以守門將遷寶誌塚以擴城基卜之不吉帝曰假地之半遷瘞微偏當一日享爾一供乃得卜發其坎金棺銀槨因函其骨勘靈入寺衛之建浮圖於函上覆安無梁瓦殿工費鉅萬乃賜庄田三百六十所日食其一歲而週焉以爲永業御製文樹碑紀績一夕雷震其碑再樹再擊帝曰誌不欲爲吾績耶乃不樹辛亥春遣使祭歴代帝王陵

焦謀
氏子陵

寢初建廟祀歷代帝王自伏羲以下皆設像至元世祖其面屢爲淚痕所污塑工飾之越宿痕復見帝聞之幸廟對像曰曆數在予爾子孫俱不加害我之待勝國亦可有恩禮矣汝復何恨明日視之痕滅矣工畢躬行祭獻至漢高祖前笑曰劉君劉君廟中諸公皆有憑藉惟我與公不階尺土手提三尺以登大位可共多飲二爵定制漢高進三爵帝念劉大秀之惠封惠義侯妻黄氏惠義夫人勅授汪媼之後世官郎署令衛阜陵媼卒遣官祀之江陰焦謀字始謨焦先後爲帝故人屢召不赴特使人羅索謀忽荷雞酒由御道入帝喜其至以物付光祿治具共飲甚歡出金銀角三

千楊璟

⊕徐萁

徐啟

徐勝

帶命其自取以官之謀取角帶因授以千戶數日逕出高橋門掛冠帶於樹間而去後有遺者在勞山自稱焦千戶採芝汲泉是歲命湯和傅友德分道伐蜀和令楊璟康茂才攻瞿塘關奮勇分登不防砲石齊發茂才中飛砲死璟未傷璟馬墮水關上軍大出忽一將黑面虬鬚撐一柄純鐵傘飛馬上橋用傘橫截直刺敵兵敗去追至關口而回救璟收茂才屍還言勇哉於和葬茂才於溪口救璟者姑蘇徐英也其先肇封彭城支庶分流海上上祖名啟字開先遷平江之太倉惟以仁孝傳家公平爲業年踰九十而卒厥胤九世孫名勝克遵祖訓耕讀安居嘗語子弟曰食人之祿必當忠人之事一身

徐懷　徐思　徐仰　徐廉　弘母　大姑　佛兒　玄樞經曰二月初八乃佛生日周建子卯為四月也

許國則難爲孝子矣居家盡孝戒殺放生必獲長壽廣嗣之報後果年百五歲而終生三子曰懷曰思曰仰元泰定末海寇爲患長公懷與二弟僦居長邑齊門外竭力躬耕家以豐贍世守不殺之戒雖婚娶家不宰割其後生息漸蕃永不分析懷生子英廉英少剛毅廉柔和贅英於六直農庄弘家英字景夫結褵二載生女曰大姑十三年開速產不育至戊申歲四月八日生一子世稱佛誕即名佛兒時英父母俱故宗族粗安謂澤農不若山農聞郡西洞庭兩山居民殷富風俗純樸乃携妻挈遷於東山之湖沙村賃草茅二椽山田數畝耕桑植果頗堪溫飽大姑少許嫁

○朱雲章
午藍玉
十廖永忠
○彭母

江朱雲章居三載娶去英久欲立功佐世士誠竊據江東
非眞主氣象明祖起兵淮泗以父母在堂不敢遠出及天
下旣定每撫膺長歎年將四十志不少衰時惟滇蜀未平
朝廷將舉兵西伐遂決意從戎妻弘勸以守分不聽期以
富貴始還遂入都投湯和軍前效用命隨楊康爲前鋒至
是力戰退敵者職指揮傅友德取階州文州藍玉襲克綿
州和命廖永忠與英進兵瞿塘英計以壯士舁小舟踰山
渡關皆衣青簑衣敵人不覺遂破瞿塘入夔州直抵重慶
明昇大懼其母彭氏謂宜早降昇遂奉表出降友德破成
都蜀地悉平湯和留永忠英等分守蜀中班師還京帝諭

二仙史父
一號振餽
一封鎮坤
奴有同符
丁二親隨
二李母
俞公
二夫婦

平蜀功親製文以紀之封英爲都督僉事鎮坤將軍命李文忠經理四川封明昇爲歸義侯居第京師英宗南川馬湖遣二親隨齎家書并金五百往姑蘇慰問弘氏母子煢煢辟纑易粟一日晨炊已熟呼佛兒早飯一道士隨至曰此子秀藹不羣但兩耳無輪懸珠不備惟可出家修道夫人能割愛否弘怒曰此繫徐氏宗祧壽命修短自是大數我豈受誑者携子閉門誡勿出遊未幾中元時候弘母享祀祖先佛兒已食祭餘東隣李母又招食以素品飲以村醪三日後作痢數日不止弘母驚憂延醫調治不愈竟成噤口惡痢背立待斃西鄰俞公夫婦來視即瞪目不言弘

母大慟悶絶前者道士忽至曰兒可復生弘母拜求救治道者袖出一物曰是名逌環非金非石從丹爐煉出能變化陰陽收攝生氣可戴之項八歲週年後便魂魄來歸弘母接視之圓轉無痕有三圍大小遂懸於兒頂道者臨行復出一玉合曰明早啟之所需自有弘母疑信相半置合床頭是夕對尸慘切黎明思棺殮之用往取玉合則三尺長石匣滿貯青蚨弘母感天賜佑取收之匣中有字曰盛屍不壞遂不辦棺木傍晚婿女聞報急至撫屍慟哭弘母抱放匣中蓋好停於床側朝夕向之悲泣婿女慰勸數日辭歸愈自形影相弔豈知所差親隨至蘇聞此消息將財

物剖分假書言公子已亡書銀總上主母英傷感不已時以滇南未服永寧與蜀接壤日練士卒分巡是秋朝廷遣

梁王

王偉往雲南招諭梁王被拘不屈遂遇害又遣黃儔往遼

黃儔

哈納出

東諭哈納出亦被拘留帝命靖海侯吳禎師舟師東征吏

陶凱

部尚書陶凱協律郎冷謙等作燕享九奏樂章上之悉屏俗樂而用之謙字啟敬郊廟樂章皆其所撰以公事既畢將

貧友

欲還山有友貧乏無以養親貧乃士之常孝爲人之本

明運初興三教若無眞人何以樹立故道有正常擇有碧峰儒有振飄皆具挺立之操不除其志故禮遇有加瞿塘重險加以守禦之嚴若何而破然非天險乃地險也英以智勇破之功同采石可謂不負其忠學者能具此剛勇之力斷魔入道何患大丹不成

郭英殖友諒沐英擒士誠徐英平川滇三英之功偉哉

守藏吏

校尉

冷公亦畏夏日耶

○○協律濟窮遺路引　○○○嬰兒見毋復元神

謙曰吾指汝往一處愼勿多取回家鑿一門於壁一鶴守之令敲其門忽自開入視金玉爛然其人取少許而出嗣是但有所需即敲門往取後乃恣意搬取不覺遺其路引守藏吏得引上聞引有姓名執其人訊之詞及謙令校尉逮謙至午門謙曰吾死已矣當此夏日安得少水以解渴尉以瓶汲水與之謙累飲置地遂以足插入瓶頸之身亦不見尉驚曰汝無然吾輩坐汝死矣謙於瓶中曰但以瓶至御前無害也校尉如言持上帝問謙何在瓶應曰臣在帝曰出見朕當不殺汝謙於瓶中曰臣有罪不敢出帝怒

邈之時義失矣哉

△朱知止

○日講

擘碎之復呼謙片片皆應曰泉自此同張周篝遊於清宇之間矣忽寂然帝命守藏吏仍供職取銀人以孝親原其罪鄞縣天寧寺有道人能幻術每夜五更出神乘雲往京早朝自言姓朱名知止少師平陽祖公云當採童金而證道朝罷還寺日猶未出其體偃卧靜室若酣睡者帝惡其怪誕賜童子十人俾傳其術且令密偵其靜動久之傳一童子戒之曰切勿食狗肉食則敗童得其術以聞帝令伺其來灑以狗血遂不得歸亟遣人押就寺戮之寺僧容留悉爲軍户日講僧初因世亂避跡四明祝髮延慶寺精堪輿術指迷濟世與客講論必遮以簾幙窺其正僞因又稱幙講

十馮勝

回錢唐

劉基來晤甚洽、師曰、誠保國宜民者也。後師說偈而逝葬于西院之柳亭碑塔在

壬子五年、帝命基佐徐達李文忠馮勝三道掃清沙漠、大敗王保保於野馬川、北至騁海而還、至桑哥兒麻乏水、渴死者衆、文忠乘馬忽跑地長嘶、泉水湧出、士馬俱賴以濟、歸奏之、賜名雲濟泉、以所獲故元官屬子孫送京、帝賜第宅居之、給其銀米、遣使賚書與元幼主、送其子崇禮侯歸。癸丑春、帝覽孟子草芥寇讐之說、謂非臣子所宜言、議去其配享、詔有諫者以不敬論、刑部尚書錢唐抗疏諫、輿櫬自隨。帝怒、命金吾射之、唐袒胸受矢、曰、臣得爲孟軻死、死有餘榮、帝見其誠懇、命太醫療其創、於是曰、孟子闢邪說辨異

自在

非觀自在慈悲誰救此難

端發明先聖之道可復其配享命儒臣節其文凡不以尊君爲主者去之復召楊維楨年已八十餘命講經史楊俱以忠貞爲歸乃作老客歸謠以見志或勸殺之帝曰老蠻正欲吾成其名耳乃遣之時有頑民犯奸者每竄跡緇流帝惡之集犯者百人掘地埋其軀十五并列特露其頭用巨斧削之一削去數顆有異僧名自在者與其列因示神變頭既去隨復長出乜三五次皆然乃釋其餘甲寅冬帝註道德經成并爲之序言斯經乃萬物之根王者之師臣民之寶非特言仙道也乙卯夏帝御端門召翰林詞臣出示巨桃半核蓋元庫所藏物也其長五寸廣四寸七分計其實大如斗

十二周興
三周大賚
四周元姬

上刻西王母賜漢武桃核及宣和殿三字塗以金旁繪龜鶴雲氣帝撫歎曰惜乎仙蹟泯而不彰良丞遂才捜獵也○謂宋濂曰爾盍撰詞以垂後濂成蟠桃核賦進之仍收寶藏是時天下之人不從道即奉佛處士程翔每歎曰違孔氏之教而歸佛老悲佛老亦不與也於甲寅秋爲子瑤娶周氏本濂溪後其從叔祖與仕元爲都督父名大賚母夢老嫗以白雀至曰以此錫汝生而名錫周姬姓字元姬以幼不食葷血强與之則病及長知書理閱綱目傳記能校其異同與諸弟言每以古人行事爲問難諸父皆愛之稱閨中博士翔以禮聘爲瑤室姬於瑤同庚而瑤生以冬至姬生則夏至也孝

沈載

胡惟庸

吳雲

劉璉

翁撤夫暇則吟嗒誦讀恒以義理相質有沈載號調香道者通
釋氏善養生與翔為道義交能歐陽書瑤喜其峭勁從學
三月遂共棲兼聞其內養之術乃廣蒐道書仙籍及黃庭
註參同契悟真疏義詳究玄微將就有道者正焉時左丞
相胡惟庸深忌劉基嘗誣基以閩界淡洋有王氣欲圖為
墓使刑部尚書吳雲劾奏之惟庸請加以重辟又欲逮其
子璉帝不許基辭疾已久惟庸於乙卯春正陽為問疾挾
醫來視基知其意詭曰飲藥後胸中結滯病乃增劇以聞
於帝帝數遣使視之謬為委頓狀命驛舟送歸青田旨未
下有姑蘇葛醫來候閽者入白命子璉延入葛曰祿盡何

不去基笑曰待君耳方欲表辭適帝命至與入舟中與葛
同還葛名乾生字可久始習醫曾至青田訪基冀得異道人之傳
善治鬼病名聞江南蘇城西南葛莊即其居程翔聞伯溫以疾遣歸
命子璟往候基召入秘室語曰今夫下殺運未除更有一
番變亂尚在二十年後吾所學不欲傳之好事者以資劫
奪子志恬退且當久居斯世可傳吾書以俟後學遂出枕
中書三帙曰子歸細閱此黃石之秘也慎毋輕洩吾將隱
矣璟拜受而回是日基以死聞與可久適去於路問受學
之從來可久曰吾師果道人即河間劉元素東垣李杲丹
溪朱震亨望重醫材未必上之基曰帝始起義其季況劉

㊃滑壽

△全生居中

惟恐不成偶及乃變姓爲諸避居紹興及處安天下訪求
得之封盱眙王辭不受基有同母弟壽仁字伯敏顓日記萬
言謂基從帝遊亦更姓滑號櫻寧生遷儀眞遠移許昌不復與
本宗通師王居中竟以醫術名世赤松老仙常雜洞庭東
山爲產醫仙之地西山爲居仙史之鄉云斯人已生三載
欲往探其果有根源否可久欣然偕行弘氏自佛兒七後
倏經一載常對石匣撫摩歎息一夕忽開鼎函從匣縫出
欲掀視之牢不可啟日聆其復生蓋孖丑歲五老會集須
彌因中原殺運將終黑龍又降於世申飭各方神仙及城
隍社令諸神保護善類勿使枉罹鋒刃黃老復言仙籍散

漫掌錄無人世所纂者或但存姓名各著一傳逐節懸截朝代顛倒出處糢糊使觀者不能盡信好道之心於茲反懈必得備紀宇宙歷有之蹟次第年月貫通人事如司馬長編方能闡揚斯道但纂述之人所當商酌耳水精曰丘也儲之久矣前遊神州會赤道友路經一山登眺見青烟一縷直衝斗度凝視既久虛靈之氣變成五色文光繽紛繚繞散作一天霞彩尋蹤吳會在震澤兩山之間乃化一道者入村有羣兒嬉戲惟一兒端坐石上笑容可掬秀色可餐頂上有氣絪縕語之曰靜觀樂乎對曰未知動趣安喻靜功予踵門見其母諷以出家不聽朱幾疾作而死予

憐其母痛不欲生因授以循環許以復生携此兒元神回
山涵噓道德今亦隨侍於此可令再入南洲母子重圓長
時成此功德何如咸曰可遂俯嚴呼佛兒何在一童趨前
聽命亦精謂曰爾在山澹泊盍往授富貴父母受用去佛
兒搖頭曰弟子已知塵世爲苦娑婆有生老病死向苦處
討盤纏不若山中散誕也赤精曰爾念母獨居岑寂乎佛
兒淚傾如雨赤精曰欲歸一省乎佛兒嗚咽不能語木公
曰善哉此兒孝根實深眞道器也諸道長可玉成之黃老
曰水精爲天一之元故先遇而招至金母有從革之義當
仗之送歸次賴赤精煅煉以成材終得木公施仁而入道

道未亦得維持其間四老曰然黃老出膚德丸食之曰嘱爾仁慈植本孝弟根心水精以益智湯飲之曰願爾神智特達所向惟髙亦精曰欲爾具通神之質乃教以聰明神咒木公捻劍訣向顛門書之曰爾備此護身符健行不倦疾惡不侵佛兒朝上五拜叩謝金母扶之曰予有優陁那果將於中途啗汝木公曰爾間之物未嘗無對昨遊玄圃見一纍裳女子堪作佛皃之配金母曰此宋初江右袁氏女也父母早喪依叔氏年十八未字性就沉寂忽無疾暴卒予引其真性西歸將五百年今令其再世贊成玄功可也呼青鳥報知衣女俟帝君駕領托生招佛兒上雲車作

飛本來

別而行於路出袖中果與之曰形圓無核外黃內赤食此果者壽與天畢佛兒坐翠軿前捧食其甜如蜜飛至南洲停驂於太湖上流攜兒凌波步至東山南麓遠見五六婦女入山知因緣在是乃為整理項間循環出錦褓裹覆其身化形如初生小兒抱置於枯楊之穴囑曰此行遇母前程努力言訖回駕時屆清明隣家掃墓邀弘母同行踏青散悶相將入山未二里香氣霏微似右匝所出問同伴覽否云無有又聞呱呱聲弘母心動遂別衆女伴尋聲而往見錦繃一小兒眠於柳窟而泣捧而細視項有循環猛叫曰又一佛兒耶抱之急歸啟門至床前俯視仍為寸許小

合中空無物乃歎曰神師所言驗矣眞如珠還合浦歡慶
非常因不更名母忽乳汁復生得而哺之時又三歲劉葛
來訪相顧曰果是鳳雛麟子竚看飛騰有日也將遊江右
路遇嗣師張沖虛入朝賀歲邀至舟中相叙曰嘗聞古者
名世諸人史家必爲其序世系表次以傳所以敎本始昭
事蹟也正常有世家一卷欲求先生作序於今大觀神京
逡巡至此幸樂成之基曰僕已學陶朱之蹟不秉班馬之
筆矣宋景濂當代鉅儒往徵之必不吝仲紀謝敎復向可
久曰聞包山將建史舘廣錄古往成眞得道者予亦欲以
家世附於史未聞仙史已生君家於吳曾識之不可以曰

傳同虛

與劉君見過年尚有待至期賫往未遲遂别去丙辰元旦張沖虛朝賀畢回邸虔命上清道士傳同虛捧漢天師世家往宋濂處請序其首簡濂以爲神明之胄理不可辭乃據氏族羣書補之復用史法畧誌其相承之緒元宵日序成親抽至眞人府沖虛拜謝高誼携歸珍藏秋九月新安處士程翔卒沖虛雅重其名時復入覲紆途詣弔潛溪諸友皆遣使致賻子瑶槪辭喪葬盡禮服以誠意之書潛玩凡經緯壬奇無不詳悉閏月五星紊道日月相刑瑶歎曰乾象之變其在藩封乎（帝有二十四子長太子秦晉燕周皆馬后生楚齊潭魯蜀湘代肅遼慶寧岷谷韓潘安康郢伊諸妃所生）帝以天變詔求直言廣行祈禳張沖虛

入朝帝喜曰卿來何符朕意明年秋朕將祠海嶽諸神卿
當以衆弟子之清修者偕以來仍賜宴及金法衣玉圭佩
法器之屬而歸丁巳夏率羣弟子入覲宴於午門城樓帝
朕爵同卿宜罄此一觴勅內侍出御製歷代天師贊示曰
他日當書以賜卿明日勅遣代祠嵩嶽分遣重臣與羣弟
子代祠諸嶽仍賜衣各二襲楮幣有差既還宴賞如初及
歸山志趣頗異常一日置酒與諸昆弟酣飲慨然歎曰五
嶽名山先子欲遊而弗遂嵩嶽乃吾祖得太清丹經之所
今賴聖天子威靈幸一至焉燕曦景於層霄遡浮埃於浩
劫吾志將有在矣咸訝其言未幾示微疾端坐榻上囑弟

方從義　四十三代張宇初　張籌　安慶　元主脫古思帖木兒

子方從義等曰吾無以報國家寵恩爾等宜左右吾子以
贊寧謚之化命取印劍授長子宇初曰吾家千五百年之
傳在是汝其勉之語已拱手作一圓象嘿然而化是夕大
崖石崩聲聞數十里禮部尚書張籌為訃聞帝嗟悼曰朕
欲命其遍祠五嶽今方一至嵩山何期大數止於斯耶親
製文一通遣前浙江行省叅知政事安慶弔祭之是歲冬
至祫祭天地於奉天殿戊午夏元嗣君殂子脫古思帖木
兒立帝聞之慘淡移時秋嗣師宇初入朝字耆山道號無爲子曰秀
雙瞳面交二斗九歲嶷如老成有異人謁見曰是列仙之
儒異曰丕張斯道者也嘗侍冲虛於天心水月樓目觀雲

口遼王

二宋璲

霧起西北中有金扉洞開五色晃耀護衛天神錯伏森列勃然改容沖虛問之其對所見自是以家秘示之易了試之茲紳及長資識更高學問深造貫綜三氏融爲一途旁及諸子百家之籍靡不窮蒐發爲載道紀事之文各極精妙著成峴泉文集二十卷遼王嘉而梓之因徹上覽王公縉紳之士莫不敬重至是陛見帝諦視笑曰絕類乃父眷賚有加嘗問卿所知有賢才乎宇初曰臣父每稱新安程翔古之逸君子惜乎已亡帝歎息己未秋程瑶服闋遊京師謁謝宋濂見其弱不勝衣而議論英發歎曰風塵外物搏霄爲不死矣命予璲與之遊濂門人孫蕡方孝孺亦嘗

孫蕡
方孝孺
程元譚
程靈洗
小眉
程紹
程昌

相接瑤以高蹈諷之濂等皆未之信瑤辭去從吳禎學劍
期月盡其藝歸而習射與里中同志者以鄉射禮行之新
安程氏極盛歙以晉本郡太守元譚爲宗其墓有翁仲二
因稱雙石程氏侯景亂休寧程靈洗字元滌
綠兵保境梁元帝授本郡守謚忠壯休寧以之爲宗翔以
河南之裔獨爲一宗而祖元應又禹綱會寓蘇之陽山號
陽山程氏惟松惟
嶽二友俱蓄衍
惟巖至瑤歷世單傳庚申仲秋元姬一
乳生二子長名紹次名昌九年前已生一女名小眉瑤以
絕嗣有人遂佩劍出遊
家已齊矣世沸濟歟

誠意之去必俟惟庸之鴆非不見幾也蓋小人之毒不
逞必爲禍於身後故受藥而以死聞則子孫可無患矣
先皇孫之位未安遺計無人可授而遠爲高路遂於四
皓乎計設三吾道傳究竟心事已完乃可浩然長往
水火資於金木金水相投水火相合子母相見都歸戊
已三物一家元神復嬰兒現矣偃月爐中看溫養工夫

女感再見

不壞天童

十禦哥

〇〇〇不壞天童金節張〇〇〇綠陽仙女王霞沈

時胡惟庸獨總中書威福自恣其定遠舊宅井中忽生竹笋出水高數尺諂者爭爲瑞應言其祖父墓上夜有光燭天於是以權利誘結朝臣收衛士及亡命招倭軍來會攻書於元請爲外應庚申春正詭言第中井出醴泉邀帝臨幸張金節復號不壞天童時與鐵冠遊鍾山見城中黑氣迷漫曰朝廷有厄當往解之〇迺內史雲奇守西華門謂曰汝知胡相謀乎奇曰知之張曰何不發曰未有隙張曰誰駕至第伏甲士謀逆可速發奇奔見駕衛蹕道勒馬銜言狀氣方勃舌駃不能達左右撾箠亂下奇右臂將折垂斃

陸仲亨

猶指顧胡第弗為痛縮狀帝悟登城望第內藏兵複壁間即發羽林掩捕考掠具狀磔於市黨皆伏誅帝召奇已死深悼之贈司禮監左少監賜葬地置灑掃戶六人致祭如功臣廟禮帝初欲相惟庸劉基曾言小犢耳將僨轅而破犁至是帝思其言官其弟與子四方仇怨告訐皆指為胡黨株累繫重獄以宋濂子璲孫慎坐黨并逮濂欲殺之皇后諫曰民間延一師尚始終不忘恭敬宋先生親教太子諸王豈忍殺帝乃誅璲慎發濂茂州安置至夔感憤而卒是夏五月四日帝坐謹身殿忽雷震親見得知火光自空中下遶宮來追帝再拜曰陛下赦臣臣赦天下乃息此時刑殺過重上天胡有此徵羣臣奏誅善長陸仲

鄭湜
鄭濂
此處后却多言
實卜

亨築帝曰皆吾股肱心膂其勿問辛酉春有訴浦江鄭氏
交通惟庸弟湜與仲兄濂爭就獄帝宥之召問食指幾何
曰同居人世約有千餘命之去后於屏後曰陛下以一人
舉事遂定天下鄭氏設有異圖不尤易耶帝復召同曰汝
處家亦有道乎對曰但大小事不聽婦人語帝笑而遣之
暗合妙
詔舉孝弟力田文學之士○是秋以鄭湜為福建布政參議九月命傅友德
藍玉沐英征中慶路改雲南府以徐英久鎮南川使為前導至
赤水河久雨暴漲英斬木造筏夜半濟河比曉敵驚出戰
英大破之至烏撒右丞實卜引諸蠻復至英奮勇衝突蠻
兵潰走東川烏蒙芒部諸蠻望風降附梁王棄城走焚其

曹震

楊軌山

龍衣驢妻子赴滇池死壬戌閏月攻拔大理分兵取寉慶畧麗江破石門關金齒平緬等處俱降癸亥秋緬甸及八百媳婦皆請内附甲子夏論平南功封友德穎國公列侯藍沐等子孫世及徐英封滇池侯副沐英鎮大理景川侯曹震奏開峨眉至建昌古驛道通西南諸夷帝以華夷覆服詔求仙人張三丰三丰於元末居寶雞金堂觀至正丙午九月二十日自言辭世留頌而逝土民楊軌山置棺殮訖臨窆發之復生乃入蜀洪武初至太和山冷坐結庵於玉虛宮菴前古木五株嘗棲其下猛獸不噬鷙鳥不搏人益異之衲衣垢弊皆號爲邋遢張有問其仙術竟不一答

丘玄靖

問經書則泌津不絕口登山輕捷如飛隆冬臥雪中鼾齁如雷常語試當鄉人曰茲山異日當大顯道士丘玄靖過之請爲弟子遂教以道妙帝於乙丑春還洪蕩三款請了不可得乃召玄靖至與語悅之拜監察御史賜之室不受超擢太常卿丙寅春閏平陽張金館多道術召至都問有何術對曰臣無他但能頃刻植蓮與瓶中出雲爲戲耳命爲之即於袖中出瓶注水書五符入其中以火四炙瓶中氣出如縷漸成五色祥雲瀰布殿上又以蓮子撒金水河須臾長蓮花萬柄鮮妍可愛焉剪紙爲採蓮船放水面張上船唱採蓮歌泛泛爲樂帝大笑忽張與蓮舟俱失旋

○○赤脚僧

○天眼者僧

温良二字眞熱藥也入皆宜服

○孔訥

口地保奴

丄也速迭兒

元主坤

口帖木兒

復見於鍾山癸亥歲有赤脚僧詣闕言匡廬來帝恐其惑
衆不令見僧守闕下四年至丁卯夏初帝不豫物次製撼
御醫治不效奏前僧云爲周顛仙天眼尊者進藥帝命持
入署曰温良藥兩片温良石二塊以金盤盛水磨服帝服
即安僧不復見衍聖公希學已卒其嫡長子訥服闋來朝
帝親作誥文令襲爵是秋詔藍玉郭英北征戊辰夏五間
元主在捕魚兒海薄其營值大風揚沙擊敗之獲其次子
地保奴及妃公主等遂班師己巳秋也速迭兒弒元主坤
帖木兒元裔日微庚午春命燕王棣出征迤都適大雪
速進元將不知備指軍門降悉收其衆可爲帝大喜曰肅清

沙漠者燕王也先是十二年帝密問張嗣師曰諸王孰昌宇初對以福德在燕帝頷之勑授正一嗣教道合無爲闡祖光範大眞人辛酉歲錫誥封母包氏淸虛沖素妙善玄君癸亥召赴闕建玉籙大齋於紫金山乙丑命禱雨於神樂觀隨應至是入覲降勑重建太上淸宮來春諭禮部嚴禁僞造符籙者賜正一玄壇之印俾閑防符籙永鎭名山師於里之黃箬峰下構峴泉精舍爲終焉之所程瑶初聞龍虎山爲道宗將往訪之聞在京師乃由姑蘇入都遇王仲都於句曲授以道命擇地修煉遂還白嶽潛修十二年道成時年三十六始歸家見元姬課二子讀書與小眉集古

完璞子

程濟

今烈女作贊已漸成祇至夜瑤獨寢中堂元姬潛窺見趺坐於榻頂有金燈三盞照耀一室詰朝請曰夫子胡不以道相授乎瑤曰方欲度天下豈吝於子但未謝師恩故未敢也遂往大翮山斯時腹有眞丹飢寒無慮棲止隨宜直抵隆慶州方至山下眞君命童引入洞天如歷舊遊至殿拜見命於左廂暫憩瞑坐片時已悟前因眞君喚至謂曰已識本來此去功成願遂當躬膺天籙賜居福地命更號完璞出葡萄酒飲之盞三爵拜謝而出至晉陽遇一人年二十餘秀拔不羣前叩之答曰姓程名濟字君楫祖籍博陵南渡入籍績溪以訪友至此亦問先生何自瑤曰與君同姓道號完璞

此處授受恰合伯溫之意

(四)高翔

特以浮名無益於性命故遁世學道濟遂入旅館欲進酒食瑤曰不食已久君可自酌濟益敬異曰貌若而絕粒得無仙乎瑤曰仙亦無難學之即得觀君頗有道氣願以所學相授乃語以延年秘訣由從此而得外丹可以長生復授錦囊曰書三卷誠意伯之傳用舍行藏君其留心熟玩更圖後晤即別去濟歸而細閱漸識其微濟與朝邑高翔友善翔字仲舉慷慨軒昂嘗言志曰人生於世必須磊磊落落便刎頸決脰得以名標青史濟曰子願爲忠臣我願爲智士譬如志士若殺身無濟於衛不如甯武子忍死全君翔笑曰當今無失國之君武子雖賢恐無用處濟曰事不可

知也值詔舉明經有司薦之濟授四川岳池縣教諭翔授京職濟至任日與諸生講誠正功夫晚則觀星望氣演習奇遁川滇接壤萬里幅員賴西平侯沐英鎮守遂爲樂土壬申夏少海星暗少白星孛濟歎曰青陽與西平其有災

沐春風

乎六月沐英卒追封黔寧昭靖王命其子春襲封後進公爵徐英以年老累表乞歸不許是夏皇太子薨諡懿文立皇孫允炆爲皇太孫生而額顱稍偏性聰穎善讀書然仁慈少斷帝每令賦詩多不喜令屬對又不稱旨復以命燕王語乃佳帝有

劉三吾

易儲意學士劉三吾始請用八股文字取士容進誠意伯遺函曰基以臣謹慎故留此云俟後有不足太孫意乃進

㈧王鉞

㈨方二郎

帝曰伯溫豫知之乎親啟視之歎曰眞神人也依言豫備其物命少監王鉞藏奉天殿囑諭勿洩太孫之位乃定帝於晚年益爲慘刻嘗閒吟曰

百僚未起朕先起百僚已睡朕未睡不如江南富足翁日高丈五猶披被

嘉定有富民方二郎聞之歎曰禍端見矣即以田產散諸九族買航載妻子泛遊湖海次年江左大族悉籍沒無善終京城自洪武門至水西門坍壞下有水怪潛窟築之復頹帝向忌沈萬三年命相同而大富召謂曰爾家有盆能聚寶亦能聚土築門乎萬三不敢辯承命起築立基即傾者再三無奈以

知機去

余十舍

余女

丹金數斤賸掇鏐之、始成、費蓋鉅萬、因名聚寶門、帝嘗欲犒軍召萬三貸之、曰吾軍百萬得一軍一兩足矣、萬三如數輸之、帝惆其無因苦狀、由是急欲除之、馬后苦諫、乃議流嶺南、株連其壻余十舍亦流潮州、萬三遂輕身挈妻孥去、三委其家貲、未幾命再徙兩家於雲南、既至滇、沐春撫慰之、欲妻余氏女十舍、允之、及入西平府、薄其嫁資不豐、不爲禮、女曰、公所利者財耳、措之極易、教備汞鎔之、脫耳環投入、聲如蟬鳴、其汞已乾、環仍如故、以汞開銅鐵成寶無數、侯大悅、是秋三丰踐約來會、同萬三鍊人元服食大藥、明年始成、初萬三生長女三歲忽失去、迄今三十餘年、一旦

薛眞陽　婦家白兒少遇祖師薛眞陽即中條玄母改名化度女

徐玉霞　爲玉霞號綠陽掌玉匣諸秘法爲師擎神劍得授靈通大道救回就服成藥嘗以拯濟立功萬三即出藥全家共服皆能冲舉玉霞聲洪鬚頑無女子相慨然有普救生靈之志歎曰能忍有禪於道好殺必喪國元遂與父散遊於世隨時救度癸酉春藍玉謀不軌磔於市夷三族蔓延至二萬餘人胡日星與徐天明同師精星算嘗推帝命當爲天子比登極召問命理由來對曰唐袁天綱以木火土金水著指南書二卷觀人富貴貧賤壽夭術者宗爲五星御史大夫李虛中最深五行以人之始生年月日時所直支干

徐子平

勝衰死旺斟酌推人一行禪師闡晉徐子平數術精妙華陰令奕隱於武當山砂郎洞釣臺洞明針灸治人隆安二年飛升太空後人祀之石鼓菴號徐眞君與錢塘

添東齋

添東齋徐大升參訪子平眞數不得其傳夜夢斯文藏於

徐大升

武當澗臺之下遂往尋之果得定眞論喜忌篇繼善篇大升尤先悟謂爲子平後身理或云然由是星平行世山民合參其義焉帝命官之不受賜之金亦辭問何欲對曰第求一符遊行天下足矣帝乃題其扇曰

有一古老叟胸中羅星斗許朕作君王果應仙人口賜官官不居予金金不受特此一握扇四海橫行走

去數載回語妻子曰我命當刑必至京復命就死妻勸阻

案得無謂

之曰数不可逭遂入見朝廷混尉適藍玉北征同日星見之曰公當封國但受封後其與同被難数也玉得封涼國公意頗驕被謿得罪臨刑歎曰日星言驗矣帝聞之召日星曰與玉推命否對曰曾言其有禍帝曰汝亦自推否曰臣命終於今日酉時帝命戮之血溢溝源城中河水盡去玉嘗携酒訪張景華於鍾山景華野服出迎玉不悅因出對云脚穿芒屩迎賓足下無屨也礼張即所持掭應云手執椰瓢作盞尊前欠鍾忠同音警之也帝亦遣人窺景華門人云已與胡先生同歸夢澤矣帝遣行人往汀州訪周顛入廬山尋蹤有道士語曰顛仙在寺中與天眼尊者較棋尊以往

永隆

果見對一道流弈行人致朝命周丕顧再三想之乃賦詩
二章使以進帝行人甫出回顧惟瀑布千尺以二詩復命
芟除荒穢凈乾坤曆數欣看屬大明野老自知無用處
白雲深徑去閒行
人寰遊戲已多年此日歸來不
用顛天子漫勞傳勅旨玉皇金殿有因緣
帝覽之歎曰顛眞仙矣乃製顛僊刻樹天池寺中帝因鏟
頭會神僧顛化甲戌秋下令度僧沙彌至三千餘人中有
冐請者帝怒命錦衣衛盡戮之吳僧永隆向住尹山寺請
焚身救免帝允之勅武士衛其龕至雨花臺望闕拜辭入
龕取瓣香書風調雨順字語侍中曰煩語皇上遇旱以此

香祈雨必驗乃秉燭自焚而盡而枯骸猶立與香通人羣鶴舞於其上帝乃釋諸度僧時稱隆菩薩吳中僧爭繪焚身圖供養後值大旱命以所遺香至天禧寺禱雨至夜雨太降帝以此眞永隆雨也因御製落魄僧詩以美之由是

姚廣孝

諸藩封皆欲選高僧往輔吳之相城姚廣孝童身出家於姚智菴法名道衍道號斯 資性靈警雖從佛教喜窺天察地說劍談兵以不及成佐命爲恨偶遊嵩山佛寺在無錫一人見而訝曰天下已定何又生此人歎息而出傍有謂衍白

袁珙

神相袁柳庄盍問之柳庄名珙鄞縣人得麻衣子之傳帝初定金陵珙見帝言西行有警鄱陽戰後帝召賜以金帛道

霹空一喝
肺肝如見

衍亦聞其名即邀之談相洪曰兩眉稀髮須目有三稜當爲
帝王師劉秉忠之亞也須自重但得意後不可還俗道衍
謝別益自負遊南陽新野訪卧龍遺跡題詩於廟曰
異抱奇才振古稀師行莫測鬼神機吞吳誠魏心何壯
亦未知已
感慨秋風日已西
有一人坐於側大聲曰和尚敢誚武侯耶汝何抱負直甚
牢騷衍驚顧觸目號神駭心奪魄

左道旁門最能惑人如箭射虛空還復墜地惟見得眞
種子濟修密煉至丹成果熟寒暑不能侵陰陽不能賊
縱橫自在來去隨心方爲實際如三年者所當景仰
本來面目人人皆有不能回光返照家御何處若還門
師指點疾鍊勤修自能悟徹仙洞朝元寧獨歎究璞哉

新刻六直汪辟儀評訂同原錄三集卷之二十一

新安融暘亦史程鑣竒續

鳳翔尚絅一貞王太素贊

包山泆樓原本

○○識君輔柳庄神相　○○警寇頑完璞俠腸

◎席應眞

一差

見其道裝佩劍容貌清奇作禮曰無心之作道長何責之深也敢請從來道者曰予號完璞性喜遨遊蒼林碧巘皆吾廬也凡有大志者必有大才方勝大任觀子志欲達乎青雲才未包乎宇宙而思攀龍附鳳不亦難乎仰天大笑而去衍細思其言實切從此專意求師聞柏城道士席應眞有道往求之應眞曰吾惟數術不足學也有一洞庭者

天提醒了他

爵道隆

一唱

宗泐

○新笑隱

○復見心

人寓於乾河子可往謁衍去訪遇於山通權寺拜懇至再乃授以天經地志及行陣方略衍叩謝請師姓氏老者曰予姓周今號道隆衍謹記辭别去遊京師見老臣宿將凋謝後進文武不知事變一旦天子宴駕諸藩必有爭端因覽金焦北固不能制天下之强題詩於金山亭壁（詩載別集）後有人曰欲謀反乎衍大驚回視乃一老僧趨前謝教僧名

宗泐臨海人俗姓周元末從高僧訢笑隱學佛寓情辭章尤精古隸國初與復見心同召見心以忤旨賜死泐奉命往西域取經至塞外遇一老僧曰西域路遠毋往爲我致書明天子自不汝責愼勿私發也泐受之歸而上奏帝發視之乃

父爲帝而
以此言進
故其叛心
秃真驗矣

△鄉光

即位時作水陸道場手書表文墨紙如故大奇之乃不遣
授爲僧錄右善世特膺寵眷受命選高僧分傳諸籓適遇
道衍因論形勢實在北平第不識燕王何如耳洌曰大類
當今末日來朝我當引見冬十月燕王入朝方回洌與道
衍來送王見衍異於僧流問其所能道衍曰臣無能特欲
奉一白帽與大王戴（該死）（白冠於王，皇也）王異之即遣出審謂洌曰此
僧能令至燕否洌曰可乙亥春正洌共舉有學行高僧分
薦將衍薦爲北平慶壽寺住持燕王嘗微行見相字者鄉
光書一帛字令相光跪對曰皇頭帝脚必非常人王謝之
由是觸白帽之義日思道衍丙子春衍始至燕見王薦袁

識筆相於嵩山佛寺珙入子於長安酒家

⊙劉偉

珙善相王使人訪至令使者與飲於酒肆主混爲術士入
肆沽飲珙趨拜曰殿下何輕行乎主陽不省曰吾輩皆護
衛校士也珙不言而笑王去乃召入詳問珙曰龍顏鳳姿
天高地濶異日太平天子也王猶未信珙曰殿下足底有
雙黑痣紋畫龜龍王訝曰卿論及此眞神相也但未識於
何年珙曰待交四十髯過於臍方登大寶王賜千金命出
珙疾馳還家料理隱姓而遁蓋慮王之疑忌主果以逃軍爲名遍
勾不得麻衣初以相術授珙以丹道授朝邑劉偉乙亥秋
七月遊金陵知帝三年內當宴駕乃赴闕獻書言陛下宜
入遊以延萬壽帝曰朕所需者致治之書欲躋生民於壽

偉子

韓邦奇

張璉

域豈一己之人視我命邪之麻衣退而至鄭適珙燕回謂其知機語以至道摯之偕遊四方丁丑夏刊布大明律於中外分鄉里選老人持木鐸徇於道誦聖諭數條以警衆麻衣笑曰修齊不能而欲治平得乎是秋知劉偉緣至相將引去偉與高翔同為御史比病命其子曰即死弗理我有鄉人自遠方還者多從道中見之寄問家事其子愈不敢葬甥韓邦奇為山西僉事與憲使張璉同視事忽閽者持偉名紙入報韓驚起延入同僚悉下揩問起居無異平時與邦奇相勞苦飄然而去劉氏聞之發棺惟一履焉戊寅三十一年春偉以同鄉之誼往謂高翔曰帝將升遐北

惠宗 允炆
建文
馬后
齊泰
黃子澄
齊黃漢之晁錯
周王橚
可見朝臣皆操其議
十張昺
十謝貴

方多事宜早入山村斯爲明哲翔不以爲然偉辭去是夏
帝有疾勅燕王總帥諸王衆將防邊悉聽節制閏五月帝
崩壽七十皇太孫即位爲惠宗詔明年改元建文立馬氏爲后
遺詔止諸王入臨會葬尚書齊泰太常黃子澄慮諸藩位
重謀削其封國奏逮周王橚至京廢爲庶人燕王遂簡壯
士爲護衛蒐羅異人術士冬十月熒惑守心岳池教諭程
濟歎曰國難將作矣上書言乾象主明年七月北方有兵
起爲害非小朝議以濟妄言召入將殺之濟曰幸囚臣至
期無兵殺未晚也乃囚於獄帝以張昺爲北平左布政使
以謝貴爲都指揮使俾察燕之動靜元年春燕王入覲行

(1)曾鳳韶

(1)卓敬

十高煦

一戲

御道登陛不拜監察御史曾鳳韶劾王不敬帝曰至親勿問户部侍郎卓敬請徙封燕王於南昌以絕禍本帝曰燕肉何得及此敬曰隋文楊廣非父子耶帝曰卿休矣敬瑞安人生而顯異一目十行年十五六讀書寶香寺夜歸值風雨路迷遇得一牛乘之及門視之乃虎也洪武中官給舍好直言後死難 燕王還至淮陰[illegible]金鼓震天見甲士圍逼而至王急走適次子高煦率援[illegible]腋生鱗甲數片六十餘觔鐵槊運槊衝入忽冷霧陰風飛沙亂捲無[illegible]可出猛聞喝曰饒汝即天日清明見一道者仗劍而晒[illegible]欲啟問風過不見趕上具述相以爲怪歸令道衍占之曰此仙家遊戲耳不可宣傳

猜着

妙

高熾 高燧 徐輝祖 三歲

完璞自羞道衍後知燕王入朝故於中途題道田以誓之
夏四月太祖小祥燕王遣世子高熾及煦燧入臨魏國公
徐輝祖甚奏請留三甥煦入輝祖廐盜良馬先遁帝命世
子及燧俱還時完璞遊武當訪張三丰遥見煦逃去因掣
劍擲之其馬驚嘶跑轉照控勒不止欲下不得直至江口（要得好）
知要霧中墜下世子與燧亦至同回六月有告燕官校等
陰事逮至戮之詔責燕王王乃佯狂燕市張昺謝貴入問
王盛夏擁爐作寒狀（司馬懿之列）朝廷密令張謝圖燕王召道衍與謀（俊口）
適暴風墮簷瓦王不懌衍曰天意欲王易黃瓦耳衍因捷
給王嘗出對曰天寒地凍水無一點不成冰衍信口曰國

張玉
朱能
丘福
金忠
耿炳文
吳傑
盛庸
平安
仁儒可憐
李景隆

亂民愁王不出頭誰作主張謝索詔索所逮官屬王召入府自收縛斬之命張玉等奪九門誓師以靖難爲名仍稱洪武三十二年以張玉朱能丘福爲指揮僉事拜金忠爲紀善忠鄞縣人曾受席應眞數學王將舉義召忠卜之大吉命侍帷幄與衍共參密議擇日起兵忽大風雨王不悅衍曰風雨實賊助龍飛師次通州守將降攻薊州下之趨遵化破居庸山後諸州皆不守詔耿炳文爲大將與吳傑盛庸平安等並進程濟爲翰林編修充軍師齊誡諸將曰毋使朕有殺叔父名炳文至眞定道衍夜覘其營還報南軍有敗氣無能爲王遥趨迎戰炳文大敗奔還子澄薦李景隆代之景隆

瞿能　士享　鐵鉉　高巍

聞燕王往攻大寧帥師渡蘆溝橋薄城下築壘九門以待都督瞿能與二子率精騎千餘攻入張掖門景隆忌而止之城中汲水灌城天寒氷結堅不可登矣景隆移營向西河王以河水難渡禱於天河氷夜合遂進擊景隆宵遁燕王上書自理請誅齊黃二年春燕兵進攻大同韃靼率衆助燕徐輝祖率軍星馳赴之平安瞿能父子所向披靡燕王以七騎馳擊南軍飛矢如注王馬却阻於隄幾爲能所及忽大風起折大將旗王乘風縱擊南陣大崩躬殺能父子五月燕略山東參政鐵鉉參軍高巍與程濟收集潰亡相誓死守燕圍濟南鉉督衆悉力捍禦事聞陞爲布政使

上蓋

司以盛庸爲大將燕人決水灌城鉉令軍民詐降王信之
渡橋直入守陴者皆伏堵間比入門鐵板亟下傷馬首棄（可惜）
馬而馳民欲拔橋橋則堅王乃逸去復來攻以礮擊城垂
破鉉多書高皇帝神牌懸城上（急策妙）燕人不敢擊衍出巡視一
人至前曰余有破城之訣以一函付之即趨去衍啟視云
贊畫軍機曾不識許降之計師到濟南多不濟問何如
劉誠意全未　　宪璞子
衍懷羞細想其人貌似武侯廟所遇者回營見王曰師老
矣請暫還燕王撤圍鉉遂復德州剳擢鉉爲兵部尚書尉
庸歷城侯完璞羞回道衍復至京城高歎於路曰

此一劍大快
三戲

莫逐燕逐燕日高飛高飛上帝畿
欲以警醒朝廷而人不識去遊淮上九月詔庸總平燕諸
軍北征燕師攻滄州張玉率壯士肉薄而登掠大名焚軍
餉盛庸鐵鉉營於東昌鉉乃椎牛享士誓師勵衆具列火
器毒弩俟之提濟令偏將分伏要道燕恃屢勝之勢見庸
軍鼓譟直前盡爲火器所傷平安兵與庸合燕王以精騎
衝入南軍厚集數匝王與丘福等突圍出張玉死於陣伏
兵齊起煦殿於後忽氷雹大作齊奔北軍煦帶傷急走王
出兵時曾令金忠卜之忠曰大木穿日小有不利衍曰止
有兩日不利耳及敗始悟合隱東昌二字初周隱遯易名

道隆授兵法於衍聞燕師南下因往山東來觀正遇燕兵
敗走見一人招氷雹擊燕異而問曰燕王應運之主行爲
挫之其人曰予非不知但思當今仁孝燕王以强凌弱自
謂智勇天錫高煦剛暴尤爲可惡特倉之固問道長何
來道隆先以姓氏曰小徒道衍爲佐於燕故來一視亦請
姓字對曰家師王仲都予號完璞隆曰向聞王尊師有高
弟程君甚幸得遇完璞問將何之隆曰近奉金蟬帝君命
云五老以中陵猪君陞任之後仙史散漫將召有學之士
修之用傳於世命予監治林屋洞天爲史館侯慧通眞君
一到即便與工夫遂別去完璞默然感動亦還山居則女

丁壻

汪媳

許媳

已適丁氏子濟國公德輿之從孫二子亦娶汪許二氏之女矣元姬曰婚嫁之事已代君完却還能授以道乎完璞即授還元返本之旨元姬謝自取道號隱貞朝暮修煉辛巳春正盛庸等在東昌議勒碑紀功悉鐫衆官將之名於上程濟止之不聽乃備牲醴往碑下祭之咸笑其迂怪後燕王見碑命椎碎々既令錄碑上人名而濟已椎去故衆俱被禍濟得從亡四十年仍奉建文還京然後歸蜀入過燕師至保定與盛庸戰忽東北風起塵埃漲天北軍乘風大進庸軍敗走吳傑自眞定至滹沱河王夜渡河與戰飛矢集所建旗如蝟毛王方危大風又起發士拔樹傑等大潰王入大名上書自理帝降詔赦王欲罷兵方孝孺言兵罷不能

復聚彼長驅犯闕何以禦之燕果襲破濟州焚軍糧百萬
襲彰德聞平安攻北平盛庸畧保定乃班師還冬十二月
燕師出北平踰城不攻決計直趨金陵壬午春淮徐守將
閉城不出燕師南行平安以兵躡其後王計敗之率衆渡
河平安令總兵何福奪擊破之王遇平安於北坂幾爲安
槊所及安馬蹶不得前燕將援之去徐輝祖軍至大捷燕
將有退志帝召輝祖程濟還平何移軍靈璧燕軍夜攻拔
之悉執送北平燕師潛獲戰艦濟淮遂趨揚州京師震懼
遣撤諸路勤王兵侍中許觀（才姓黄）爲三元修撰王叔英募兵廣
德諸郡御史練子寧募兵杭州蘇州知府姚善謀入援募

十田健　十李暧　十班師　十韓教授

義勇同赴國難朱雲章結友田健李暧班師等往投善錄用之雲章滇池侯滑徐侯自鎮守大理弘夫人在東山守再生子度日年六歲入東材韓教授館中穎悟非常師美之云是人中瑞也因名人瑞學七年五經諸史無不淹貫里有神童之目一日自館歸遇赤鬚道士招語曰天地大德惟生汝家世守戒殺弗替福澤多鍾於子子能盖體天心則諸事可期矣人瑞拜問大道道者曰子知道不遠人乎仁義忠孝即道之基也遂口口相傳妙品逸入深林不見歸述於母母曰信乎當求諸已也人瑞恪遵此訓遂自取字輯五来事存心報本立志忠誠常念父覲從軍於外欲遍處

陶壽常

孫母

仙姑

尋求以母無人奉侍不敢遠行弘毋念大姑久無音信命人瑞往婺江探望路經霞關忽遇風雨避於簷下一翁款門出若驚訝者揖以入自言姓弘字壽常祖貫江右隨父經營來吳留居於此於癸丑夏六月初三夜與妻孫氏乘涼中庭聞空中呼曰陶家之婦來接同鄉貞靜日後可爲仙偶僕夫婦駭伏自是有娠至明年生女乳名鍾姑自幼常言前世之事教以詩書性理不勉而能思擇佳壻未得頃午夢傍前一黃鶴振翮長鳴吾女亦化白鶴與之旋舞庭中良久比翼飛起僕正仰視其摩碧被蕉雨滴意而醒睡起閒行恰遇足下在廡而衣黃此天假之緣也欲招子

錫勇前志

評加老吏斷獄

評得辨義嚴正

爲快壻可乎人瑞云老母在堂告而後可翁朋朋姓氏居止而別人瑞至婁江見姊大姑垂淚曰年逾三旬不務家業專事遊俠言欲爲朝廷出力圖取功名壯志凌雲丹心捧日

柳陰扶陽修眞之事也是時南都之陽日衰燕地之陰方盛而高煦又陰魔之最故完璞抑之再三爲朝廷煉魔也其卽主人公之不派乎賡孝本無賴奸猾小有機智仗武僕廝受辱激起尋師之志始遇道隆究其生平事蹟終無所特徒以利口提紿博得寵幸耳後世禪門弟子慎毋羨其熱鬧而忽救尤也

燕王周之管蔡也時無周公使其得忘世以天命歸之雖然則强藩叛國皆稱天命倘常從此殞矣完璞不徇俗情而蓋廣孝三警高照直欲扶植綱常維持名教耳使後世知靖難師爲仙家所不與定非順理之事

孤陰獨陽非生生之義故金丹大道必交坎離濟水火而後可成人瑞鍾姑配爲仙偶其亦丹成之候乎

○○○整舟車尚卑尋父　○○○入林屋二史修文

人瑞歎曰姊丈亦作此想耶明且辭歸述之母憂形於面越二日客至云是胥開張渭伯爲陶家姻事呈上庚帖弘母驚喜曰月日時皆同惟小一年眞天緣也渭伯曰陶翁有言祇祈金諾無煩寸絲弘母即以循環爲聘渭伯回述陶翁以玉如意爲答遂選十二月吉日成婚人瑞問何以知前因姑曰妾於瑤池自謂永超凡俗不意王公招我入世辭以不願主公曰汝以毫末道行即欲證仙階念亦係矣當再修善果方可成道使子不昧本來易於修證也是以取名後栩於人瑞歎其有本以溯水惟艱乃聚徒教授

子郁　女樸　女井　東陵公　刀汲紱　金千里

補姬　嗣姬　女淑　子舒　子遵　子裕　子執　女需　子應　李茂花

貲以爲養歷七年生子郁女樸女井食齒漸蕃謀生轉急爰思醫之爲道可以積功養生遂往東陵公處習學同學刀汲紱金千里爲契友人瑞得五色爪集之秘携歸伏誦鍾姑售簪珥令遍置諸書尋究三年盡得精微適疫癘大作人瑞治之輙効貧者不受其酬七歲積金置山田百畝築精舍數間鍾姑欲廣嗣續爲置二妾曰補曰嗣補姬生女淑子舒子遵嗣姬越二年雙生二男曰裕曰執後補姬復生女需子應人瑞推算己卯司天爍金必多痘疹聞郡中李茂花道高望重乃執贄往見先生出諸秘訣之挈往痘家指視種類悉合歸書不一載先生曰術工矣可出而

活紉是冬即有痘疹來春十餘人瑞即能轉險為順遠近
之陸行與播傳所活赤子不下萬數朋類相從有陸行南蔣知常命
蔣知常明德為首推斯時更置山園田蕩為日後婚嫁之資傳聞
俞明德雲章從太守勤王即呼舟載妨甥保名家歸洞庭斯時燕王
宋家保駐師江上鎮江守將降或勸帝幸浙孝孺力主守金陵城
無故連崩二處修築未竟燕王兵至朝陽門諸勤王兵皆
口谷王穗敗谷王穗與景隆開門迎附法伏誅後景隆不不愧乃父輝祖率兵巷戰敗
續帝知金川失守廷臣皆散惟程濟與數臣入請帝易服
賴有此耳出亡王鉞進曰誠意伯有遺篋高帝命藏奉先殿曰有大
難始發取視四圍固以鐵程濟碎鐵得度牒三名曰應文

傳洽
應能
應賢
王昇

應能應賢襲裟帽鞋剃刀成具帝大慟召僧博洽爲祝髮楊應能葉希賢皆願薙髮帝取應文牒楊葉取能賢牒程濟道裝依遺篋朱書扶帝從鬼門出太祖從大內開地道直通太平門外以備難餘從水關御溝行有神樂觀道士王昇艤舟以迎言高皇帝見夢令臣至此帝乘舟至觀薄暮楊葉十三人皆至○帝命以師弟稱啟行至吳江既而之襄陽復之滇南餘漸星散四方勤王之臣或戰死或逃亡李嗳奔洞庭報信言雲章身先出戰被敵誘入深林被顛而死明日得屍林中今將骨殖帶回人瑞入報大姑家保出抱骨痛哭人瑞勤慰爲擇地營葬相好塚在西山之陰感起尋父之念謂窮天極地誓

真仙岑　居安　朱泰　成祖棣　永樂　少子培　何就田

必得歸。是時年整三十，昂昂七尺，五綹長鬚，眉劍口河，鼻
隆目秀，喜服天藍袍，淡黃裾，飄飄若仙。預召木工，授以方
畧，造乘駕之物，名舟車，上設碧幢油蓋，下具轉轂四輪，在
陸則宰御，遇水則㯺棹。其朋儿床、鐺竈、藥具、琴書、服食器
皿，無一不備。買少壯二童駕之，名居安、朱泰。擇日起程。時
燕王即位，為成祖文皇帝。孝孺、高翔、鐵鉉、許觀、姚善等不屈被殺。
詰問建文帝所在，皆指后自焚之骸以對，命葬以天子
禮。幽建文少子培於中都。癸未春，改元永樂。徐人瑞拜別
母姊及眷屬、隣里、親朋，駕舟車西行，大書七字懸於軒前
作生生。劉證處方至友何就田、潘兆野、陸天戒諸弟子送

潘北野
陸天戌
又俞眞

至無錫而回人瑞過呂城包容抵南都瞻鍾山石城之勝用意訪問耆老去洪武初募勇士征夏死於川者什七八人瑞遂從太平路入江西界隨處男婦小兒患病者咸就之醫治餽遺之物用度外悉施貧苦凡所見聞及治諸異病悉載經歷錄中路由九江轉入黃州湖廣所轄過夏口漢陽荊門至瞿塘三峽四川界關前屹立廟宇額書蘄春侯祠人瑞下車步入廟貌莊嚴有持帚老者人瑞問建祠之由曰西征陣亡康老爺老衲俞眞幼從麾下改願爲之焚掃人瑞拉坐殿楹叩問俞眞因將往事詳言人瑞得實信太喜命童以藍布二疋贈之而別取路向雲南仍濟治病苦至省下在沐府前探

眞大 大昂

沐晟　嚴姨　唐姨　二弟　三妹

聽有云徐侯向鎮大理已去世二載家眷仍留任所人瑞倒地大慟眞痛切家人聚問方知是侯府衙內報知國公沐晟于春遣人來請已去遠矣人瑞泣奔大理尋訪遷於北門和平里即入中堂大呼曰蘇州有至親在徐侯自親隨回報轉思宗祧爲重連納嚴唐二姬數年間生二子三女二親隨忽挈妻孥遁去始疑家信有誤屢乞表乞歸不允積鬱而殂葬於點蒼山中峰下士人立廟祀祭兒女幸皆嫁娶當日二夫人出堂詢得其實眷屬俱出相見次日備牲禮命二弟引往墓所泣祭人瑞廬墓七日商議東歸皆以姻親在此不願重遷人瑞見二弟成立不復相强歸省念切拜別就道

復自雲貴經廣西界直北至湖廣洲洞庭青草轉東則又匡廬在目過鄱陽再東至太平南都渡揚子江左顧金山勝概收京口閘倏過鎮江常州赴湖船歸山逕入中堂猛見右設喪幙揭視有棺一具大聲曰是何爲也長子郁趨出泣拜正待欲問姊妻出見大哭鍾姑曰自君之出親姑積於思慮猝然昏倒舉家驚惶一全眞奕至曰無妨吾有金剛丹乍亡者服之能令軀殼不壞得親生子入林屋洞求返生香薰之即甦當時姑媽欲與長男往覓道士曰雖女孫代行不能得也依言以藥灌入喉中漉漉有聲肢體軟潤至一七日終不能轉息體亦漸冷乃殯於棺不敢釘

此隔凡二字非即今可見者也

自然是生生生之館

⊙錢吏

⊙葉吏

蓋晝夜望君還救人瑞急令燃燈啟視容色如斗撫摩至丹田有暖氣搏聚如錢大仍吟檜蕊問明全眞所言即奮然前往不攜一物不帶一人當晚渡湖至西山昏黑崎嶇中挺身入洞杳冥莫測全不覺飢餓畏懼迴思全眞諒不欺我如無願死於此在洞摸索力疲倒身蛇行見一綫光明至近乃雙石扉上鐫隔凡二字整衣進視別有天日滿地瑤草琪花玄猿白鶴石梁下清流激湍懸崖上古木天矯過橋再行一路有堂曰堂堂軒曰軒軒亭曰亭亭見二官吏迎迓口稱明辭眞君遵太上玉音令某等專候人瑞答禮曰爲尋返生香救母而來幸指教此香所在二吏曰

日請登樓細陳人瑞欣然同往進玄北門遠望崇峻樓臺巍峩宮殿迤邐過曲檻虛廊盤旋至山半見一座石樓宛如天設歷階而上但見飛甍立柱裙板地平以及轉檁橫欄凭几卧榻書架琴床無有方寸之木并無陶瓦金釘純是一塊紫紋白玦雕琢而成仰通縹緲之峰俯瞰曰區之氷人瑞初登斯樓眺望覺六合之寬驚問之二吏請坐石床拱立具言曰兩山有洞有庭包靈毓瑞爲十大洞天之第九漢初冉里先生居西山其孫隱遥仍居村中守祀東漢有羽士曹洞玄建馬城宮棲眞於洞口六朝時有徐之才曾遇劉居授道今結廬於毛公壇諸仙皆散居焉西山

玄邃洞中。昔神禹投以金書玉簡。告諸神明。因命曰林屋山。佐神幽墟洞天。初爲北樂眞人治理之所。闔閭開其異。募楚人韓君入洞探之。適金蟬帝君遊行洞府。授流珠丹於韓君。持禹書出報。受封靈威丈人。金蟬令北樂輔栢嶽神。舉韓君爲佐理中監。率吏兵千人。居守此洞。近因太上傳五老之命。以世人昧於道德因果。良由仙眞事跡不彰。故疑爲善之功効非實。乃遍訪志德才勤審五者兼備之士。作仙家史臣。以此山爲修楔之所。史成傳世。發明道德。韓君移入霍山洞。帝君請魯眞君爲工師。巧工倕爲副師。命隱遥總理。拘山魈木客。運鬼斧神斤。工師就一大次玉狀如岑樓指揮衆神工鏤鑿數月方成帝君題曰寶田又曰華藏（此於釋氏之藏經閣）收藏仙眞文集邀浮丘公作穗書書其額撥吏兵三千守護專候太史來臨也人瑞問史官何人官吏答曰羣眞僉（原來如此）議惟君允稱斯職人瑞惶恐謝曰吾爲覓香救毋況無材具何以克當願公等轉達再選學優德盛者爲之官吏斂容曰君欲得香須勉力効命則全家得受仙籙豈細微功行哉既邀天眞眷顧此振古大幸烏容辭遜人瑞再欲託委二吏下樓反扃青瑣隔欞語曰東樓典籍富有四寶具陳任君取用飲食自有供奉俟功成當馳報上眞也言畢寂然是時人瑞四顧室中架上圖書充

楝皆玉籤金檢前兩柱懸白玉版對二聯
少海汪洋鼓蕩鴻濛森萬象岑樓縹緲闢開渾沌洩元機
漢張芝作一筆書也仰望碧玉扁上寶田樓三字放縱超
逸筆勢高古步至東閣上有一匾乃白石生籀書華藏二
字下疊一聯筆参造化學貫天人王子安文中所摘沮誦倣頡書
體也臨窻長几刻筆床墨枕紙鎮硯池榻上陳書萬卷人
瑞當軒默坐萬籟無聲披閱仙籍皆逐位作傳李欲連絡
又恐歲月不符事蹟顛倒正躊躇際簷前鸚鵡言曰靈龜
紀年金鑑現事人瑞觀盼間瑪瑙水盛中躍出一龜大如
鍾碟伏而不動鸚鵡又曰此庖犧大聖所獲之靈龜送來

二鑑俱有來歷

(又)綠衣使

(又)雪衣娘

(又)秦吉了

(又)紅白二子

武氏有許多仙族堪奇

默贊玄功隨紀載之時整百年則出一足四百年四足盡出五百年爲一劫則露尾六百年則縮一足九百年四足盡縮一千歲有一大會則掩尾伸頭巳下皆然匣中有倉帝遺金所鑄二鑑按太陽太陰得先天之炁但有所疑鏡中即現晝視陽鏡夜視陰鏡無不悉也人瑞問鸚哥何神答曰小禽是唐上皇所封綠衣使者我族雪衣娘侍大士於潮音洞常以佛法教我又與秦吉了常遊瑤池蒙青鳥仙姑授道俱得不死猶有紅白二子宋徽宗時充隴而貢物今爲西空同收去應供道君我得幸陪翰墨少効微勞可藉此脫禽裘也人瑞如言啟匣懸鏡光同日月乃拂紙

此鳥亦是名家

六親獼耶
洞庭土產
沐地風光

揮毫就所見實錄復以三教玄微羅入百家精義兼收專
意求香見毋勤勤繕寫無分晝夜鸚哥螯下叫曰猴子竟
忘供饍耶未幾有蒼猿攀緣而上頭頂籐盤滿盛鮮果至
案旁擎獻人瑞視之乃水晶挑丹砂杏五銖松三十棗碧
藕紅菱金橙朱橘每取一二食之皆非塵世之味下咽直
沁心脾頓覺精神清爽問鸚哥此猿何來曰唐昭宗所畜
之孫供奉性緩而靜避朱温亂來此人瑞謝遣猿復循窗
而下人瑞自洪濛未判時錄起發明生天生地生人之旨
高真上聖之因開物成務之理中將仙真顯化輔世山島
邀遊晤言按龜年次第貫入連絡爲一書至唐末忽樓下

王書香
東閣
風逸兒
臧念娥
長榮
詰孫

霞聲曰功畢矣啟鑰而入人瑞閣筆起迎見一道長後隨
四官吏傳宣曰故洞主靈威上公來賀人瑞前拜丈人交
拜遜坐曰吾子成希有之功仙凡幸甚人瑞遜謝不敏求
指返生香大人笑曰寶眷已移前第可往相見予暫守此
樓俟後來者交代始還太霍也人瑞謝別下樓有青童棒
劍素女携琴來道相迎引入戊巳門轉過幾處屋宇斜廊
下彩衣四女鬟拜迎曰夫人在東堂專候洞主捧玄珠前
導一時遍體金光簾幙映射見鍾姑服易宮裝斂衽曰君
可往見公姑人瑞趨入內堂見母親同一偉貌白鬚叟並
坐逍遥榻上人瑞泣拜母前母曰此即汝父也金蟬爲幽

冥教丑降旨召登仙境。人瑞再拜曰。萬里相尋。不能見父。今拜慈顏。誠大快也。父曰。生居異鄉。今登仙府。賴有子耳。又問母復生之故。大姊曰。吾弟尋香去後。可有三日。忽三人來弔。稱是西山周隱者。同村徐醫生。馬城宮劉道士。云與吾弟有交。所具香一炷（即返生之藥）。至靈前焚起。聞棺中作聲。啟視母親坐起。曰香甚。相扶出棺。姊訴之出。謝已去。俄而四起喧闐盈門。隊仗有二鬟傳呼曰。奉上公命。請齊赴西山相會。是時恍恍惚惚。相率登車。幢幡擁護。如行雲霧中。頃刻至此。父親先在。夫君亦來。皆吾弟之力也。人瑞大喜。玉女請易天衣金冠朱履青服黃裳。竟成貴主氣象。青童傳稟肅出堂閱事余山官吏兵員來參共請陞座人瑞旁立遜辭官吏曰帝君有命云林屋洞天太上賜君永治以報首功無庸推遜也人瑞曰俟見帝君引朝太上然後視事今煩爲請九玄七祖三黨親朋至山會合可也官吏領命而退人瑞入與孫倆燕燕暇則與六姑檢校仙史

水火既調丹始就　三家和合道方成

天命毀而遜國出亡所賴君臣相顧猶夫性命不離元神堅固終可還原也向非程君誰使飄蓬復返耶於此知建文君德未衰程濟忠心獨摯

挾濟人之術萬里尋親仁孝兼備乃去則父殁而不得見歸則母死而不及送人生荼苦莫甚於此於闢之疑天之處徐君太毒及至秩樓編出闔家慶甚如此大團圓不覺拍掌稱快爲連浮三大白

與宋英敵漢少帝同心

召長吉召賦玉樓程

○以○承温旨金鑾飛迹　○○○制擗龍赤水安潤

時完璞在家温養胎嬰九年胎孫復孕可以分身應物神（修丹至此方見到家）

遊千里開建文帝少子被拘即飛神往廣安宮救出寄於

黃山上仙曹德休處後亦得仙元姬容顏月以悟徹前因

時五十六歲正逢冬至子女共進壽觴有龍虎山張眞人送其

家世求入仙史完璞收之元姬曰先生翰墨之任何時當

赳完璞曰期不遠矣元姬曰錫也無知欲將列女贊補入

亦見貞烈不朽完璞曰彰顯幽閑表揚芳烈何爲不可元

姬遂出諸贊請正是日靜坐草堂有仙吏捧玉勑降於庭

完璞起迎符使宣勑曰太上有旨召程班史題玉樓續成

完璞徵修
仙史可云
世孫

仙史建此弘勲欽哉毋忽完璞拜受元酒亦出拜玉勅符
使言車駕在郊請即啟行完璞携列女贊及張氏家世至
平麓見旌旄侍衛雲車鶴馭別符使振衣登之擁護而行
頃刻至包山有官吏迎候童子分兩行執旛幢金燈導至
洞府徐君出迎入堂茇拜遜坐獻天池之茶具言修史始
末今仗玉成厥功實懋完璞曰欽奉綸音勉竭應命闕荅
進票上公至二君起迎叙禮丈人曰程君已至余且別去
遂拱手作別二君共登扶樓此時徐君已作山主施設更
覺次第劍倚青萍琴懸綠綺鼎中赤篆成雲瓶内名花似
畫西毯霞榻蜀錦鋪几鼠鬚彤管良工織出龍紋香玉鎮

書巧手雕成墻虎雙童煮茗添香檢書磨墨完璞門所修
仙史有細字增設旁註筆跡不同詢之徐君曰此山妻代
弟正訛者完璞曰老荊亦有拙筆欲附大集君可賜觀徐
君接視曰諧淑媛流芳千古幽谷生春矣遂相辭下樓完
璞將前史閱至終篇已抵五代乃取自後列仙出處按年
考訂次序無不闡揚盡致傳極幽微初大庭赤松謁聘文
始府程遊願修仙史下拔江左及至監造史館又斷將召
徐生玉完曰往見赤松言何不召程子而召徐生赤松曰
徐乃五老栽培故先用之創始行且及程矣遂偕謁太上
於空同具言程璟偕材已久史任今應次及太上曰已召

南極萬壽會

之矣君可同神應眞君往白嶽爲定其居二眞承命往赴
宮室程子已應召續修仙典自宋南渡而金而元末明
初不及也時將三年靈感復至相見賀曰君之續懋矣徐
君潛安款待初進鴻濛之酒既上松花之飯宴罷出遊山
徑見花紫繁實獸狎禽馴民淳俗樸土厚山深賞玩時慈
光遍覆未久曰帝君駕到也拱立山頭迎候帝君纔雲步
上扶桑二子再拜以仙史呈覽帝君曰可喜成此勝果當
引往空同告竣報功恰值太微尹眞人奉老君命至傳諭
羣仙云今永樂十四年丙申歲午月朔南極老人萬壽之
期合宜齊集稱觴各攜方物爲壽麗農之山遠踰南海閬

其後有杜然天香會閑里會瑤池大會具因會蘇州文會龍虎法會四大名山會五嶽會三鄉輪流大會及種種諸小會所皆在乎後之史臣記載也

其中山水必頑衆等須歷實地遊行可化可除悉爲功行所謂身到處莫故過合孔門存神過化之妙也登輿揖別弟帰曰方証進謁今可於會所拜見矣南方雖有猛厲座下諦聽先知可以勿慮命璽感回山料理速往徐子辞二親携本山所産爲禮程子貯仙史於縹囊周曹徐亦至一齊啟行尹眞人往西北傳命萃頭見一簇玄光飛至迎視乃張三丰告以紫君之旨三丰曰即荷玉皇宣命故此亟往遂別去昊天上帝端拱彌羅之境周分三十二天紫微正位中宮后土權尊下界蒼天天蓬素天天猷丹天翊聖玄天佑聖常侍宸霄斯將永樂帝爲玄天宗派應此殺伐

啓玄出麻　胡廣　蜀王椿　孫碧雲

之運而根心於道初命西僧啓玄出麻設壇薦皇考妣有天花甘露青鸞白鶴空中備現妙相自是存心釋教尚書胡廣言張三丰實有道法廣具神通錄其捷要篇并無根樹二十四首金液還丹歌大道歌鍊鉛歌地元眞仙了道歌（又名玄歌言人元）題麗春院二闋瓔花詩青陽宮留題諸作上呈帝覽之雖不測其涯底知其有合大道遣使訪之有言初入成都見蜀王（[illegible]太祖第十一子）王不喜道遂遊襄鄧間居武當二十三年一旦携衲遊方而去帝於壬辰春勅正一孫碧雲於武當建宮拜候三月初六日帝賜書曰

皇帝敬奉書　眞仙三丰張先生足下朕久仰　眞仙

渴思覲承儀範嘗遣使奉香致書遍詣名山虔請
眞仙、道德崇高、超乎萬有、默合自然、神妙莫測、朕才質
疏庸、德行菲薄、而至誠願見之心、夙夜不忘、敬再遣使
謹致香奉書虔請拱候、雷車鳳駕惠然而來、以副朕
拳拳仰慕之懷、敬奉書、
越三載、飄然而至、碧雲呈御書、三丰覽而笑答書曰、
聖師親口訣、明有萬古遺、傳與世間人、能有幾人知、夜
破[illegible]而補、樹衰以土培、人損將何補、陰陽造化機、取將
坎中丹、金花露一枝、慶雲開天際、祥光塞死基、歸已昏
昏默、如醉亦如痴、大丹如黍米、脫殼鎮無爲、優遊天

廓萬象掌中珠人能服此藥壽與天地齊如若不延壽
吾言皆是非㊀天機不肯輕輕洩猶恐當今欠猛烈千
磨萬難費辛勤吾今傳與天地脉皇帝尋我問金丹祖
師留下神仙訣㊁金丹重一斤閉目靜存神只在家中
取何勞向外尋煉成離女水吞盡坎男精金丹併火候
口口是玄音 載在武當山誌勅石山取
碧雲勤篤不聽留居一室出則伴遊令太馳報於帝丙申
春正帝命安車迎請復又他適帝怒謂胡廣曰斯人徒負
虛名能說不能行故不敢來見耳卿往招致不得亦難見 急煞
朕也廣懼權星夜奔至武當 誰教你力言 立宮庭哀泣佑聖帝君嘗奏

三丰道行於玉帝是夏五月駕臨南極宮至會所三丰
辦隨玄天宮扈同行適見胡廣情切乃出許其詣闕先自
飛身而去帝正在朝忽見一襤褸道士肩披鹿裘立於堦
前稽首問是三丰笑而命坐問道三丰曰閑還北不時改北
京順天府金水河冰凝龍鳳之狀即此是道乃朗唱訪道修丹
之情一闋

因訪道主走盡天涯畔撇父母妻兒棄家產田園萬般
辛苦衣破鞋又穿師難面愁則愁六七十年光陰短感
得火龍親口傳遍訪明賢覓侶求鉛都是些說謊懺貪
纔遇主也是俺出世的姻緣又幸遇着仗義踈財沈萬

姚光誠能
堅恐
大國景

三爭奈他力薄難全俺只得把爐火烹煎九轉完向麗
春院探藥行藥經五載入武當面壁調神又九年猛可
的朝命宣俺待要不覲君王面又恐怕胡尚書性命難
全駕雲直上長朝殿官家見喜悅龍顏俺欲待口口相
傳恐違了玉皇命言只待跨鳳乘鸞上九天
從容步下階陛一時卿雲瑞彩彌滿殿庭良久始散三丰
去矣君臣歎異始信真仙及胡廣還帝賜勞之尋拜為相
道衍時為少師復姓名終不蓄髮娶妻居止仍在寺觀帝
賜以宮女二度而絕不同寢或問其故曰初次誠美二次
姝無異味何再為初周王獲騶虞以獻至是外國麒麟白

象畢至方士聞帝好道爭進金丹及方書帝覽而笑曰秦皇漢武一生爲方士所欺乃欲欺朕耶命毀之時金蟬等行至海濱見上流彩雲繚亂黑霧騰空諦聽報云有仙眞過海驚動水族阻路相持完璞撫劍欲往見神熊前導水官大帝駕至曰不可造次且少待之金蟬同升雲瞭望究是張果老在王屋有劉摩訶自北空同傳命約往麗農祝壽果老抱漁鼓跨白驢飛行於路遇鍾離權李凝陽何仙姑呂純陽曹德依藍采和韓清夫同至海日遲者君命直履水面采和曰隨行童子各攜禮物若何而過國舅擲柏板一片化成寶筏浮載衆眞凌波徐步中流起陣旋風捲

板忽陷童禮俱失柳行曰分明見水怪作祟將板棧去飄
仙回北岸鍾祖曰若用倒海之力於龍君分上殊覺倉卒
純暘曰我以小法驚之取葫蘆倒擎一道金光直射水宮
龍君鼓欽急差巡吏探問呂祖曰我等過海祝壽所有偶
沉海底乎即見還吏如言回覆龍君知太子所為喚之責
問太子曰兒往會之提刀出水高聲曰何處野仙敢上門
圖賴衆仙大笑湘子橫笛縱步化綸竿將小龍釣起輕提
至岸吏卒奔回報知龍君曰仙家都有降龍手段小子何
微言○
不自量但龍性不馴金丹難就今日遽然至此可去忘本
如云甚是○
又想釁端自我乃喚東宮侍從令將所取送出換回太子

莫具

時有摩丞相鯨尚書鰫天官鮎學士鰲狀頭白鯵謀等齊曰彼雖上界神仙王亦赤瀛君主以山童小物擒我儲君正當奮揚威武使其不敢藐視龍君請亦有理遂令鼉龍爲帥統兵奪取太子令鯨龍與鯨狐軍師屯南岸阻截要

詩

鼉鼓頻敲振動海腥香日月海螺齊響吹來毒霧暗乾坤旛飄百脚水怪成堆旗展蛟龍精羅列能探事鱉老伸頭會罵陣蚌兒開口雙肷擎文蟹介士橫行作勢長鬚舞戟鰕總兵恣意鴞威浪裡白條翻騰鼓勇沙中頳尾潑刺猖狂鯉將軍金甲披身獺司馬戟來掛體擺

辭紛者及受閒痛

兵鼋帥坐神牛、衝陣鮫鋒騎海馬、
大張聲勢湧至海濱、斯時羣仙眷屬俱集海岸正講渡海
被刼、又見海兵突起、有淮南子入公琴高兄弟陶安公郭
璞馮鳴李靖任公千張志和等白龍為百靈之長豈類無
知、當往勸其悔過、不須太上諄諄誡諭也、鍾祖等曰如此
誠妙、於是至陣前叫曰、時來處和小卒報知鼋帥請入中
軍、淮南曰、上仙脉好生之仁、不施法力、可勸爾主謝愆還
物、庶免罪戾、鼋帥曰北海國小有神通、傲然曰彼自還物
亦當善言、何得擒我儲君、卑職奉命出師、餘非所知也、諸
仙見其恃強不悛、發惱、淮南出袖中雲綾、帕將鼋子裹住

鼉受氣声　口

龍若出處要提明白

捉回營中水將齊上彼任公志和以杖亂撲郭璞潑赤豆化甲士衝擊馮鳴琴高捉獲蛟虬師門安公縱火焚其大營共回具言其事柳毅洞庭公主韋阬夫婦張路斯俱與龍宮有親願而見龍君解紛此事眾眞許之龍君知鼉子被捉正發怒時聞報命迎入宮相見曰張君與二駙馬見海上之事否路斯曰桼屬同氣不忍坐視故與柳韋二君來懇海長解和不致驚聞上帝敍曰昔五龍氏分治之時彼等尚未成道今倚五老之蔭蔑視海天以鱗介待我豈知神禹治水功成分命五嶽治陸五龍治水爲天下生民屈於此職耳前者孫孽龍害民罪太故旌陽得任意勦

除今為細事逞威我豈豫章之類哉不敢望援刀相助請
萬坐雲頭觀戰即玄黃隕血所不惜也數等乃別回備述
與葛家祖孫旌陽一派玄女衆門人齊至俱欲掃蕩魔軍
盈清性海倏見歸鯉着甲鯊鮀帶刀與一切應驪乖癡蟠
懶之龍及無數紫蚪赤螭母蛟陽蜃簇擁龍君向前曰衆
仙長今日且見高低知我不同凡介凝陽命諸弟子中能
降魔者悉聽其行事於是旌陽令施岑甘戰陳勳同廣曾
亨時荷玄女令王常狄去邪歐陽生老磨勒小飛飛張果
令崑崙奴純陽命柳行及鐵彈張遠霄鐵簫劉根風胡子
干將莫邪趙昱李陽冰張仲堅徐洪容紅線聶隱娘姚平

龍從火裡出

仲程瑶等齊上前曰老鱗長謹來領教龍君舞戟相迎衆
兵將助陣諸仙兵力到處斷甲披鱗穿腮破項戰酣之際
龍君額中鐵彈程瑶劍鋒在頷前飛過明珠已入掌中老
龍將二十四顆定海珠擲起祥光萬道金彈手招收之老
龍忿恨奮鬭忽坐騎被傷徒步而遁得長鯨沙蜮與鯖氏
五侯帶火龍千頭結長蛇之陣噴烟吐霧阻住衆仙老龍
得脫師門嘯父梁母劉根姚光安公無忌等吐三昧眞火
到火城以拒之烈焰千團金蛇萬道衆火龍怎當元陽逼
廹難免燃鬚脫甲其時鱘鮪不分鰱鯉莫辨含沙射手齊
無影跛鼈將軍也斷頭老龍招集火龍尚欲再戰正東一

朶素雲飛來慈航大士手執净瓶揚抑普施甘露能令龍魔焰全消諸仙眞離陽亦歛眞是醍醐灌頂大士謂龍君曰吾於潮音說法君嘗聽講龍女獻珠宜乎明道已久何故弄此風波汝子擅取仙物未免家教不嚴君乃妄動干戈上帝聞知豈無罪譴龍雷發而難回天網疎而不漏

仙道有易髓換骨不必蛻化者有育就嬰孩引神出見者有太陰鍊形尸解成眞者皆足以證道而水之直就胎孫三丰之飛身金殿非重安九鼎再立乾坤何能至此由是而觀丹道豈易言哉

不制離龍焉調坎虎乃完璞子獨得明珠南山之行似專爲渠一人也鋪叙海中景象亦復陸離眩目

火龍固爲魔焰然羣仙之眞陽不歛亦將有高飛未走之危不得大士之慈悲甘露孰使金鼎調和陽耳永固哉毋謂西遊之筆墨既窮便乞靈菩薩等而下之也

○○○祝廣壽大會丹元 ○○○配卦爻群眞原始
水官亦至曰我與君同功一體今悖理興兵若非大士慈
解厄天尊
悲解救幾乎盡棄前功老龍悔悟感泣即命送出諸物向
衆眞謝過龍子衆靈亦皆放還金蟬將定海珠交還曰君
今護念此珠海不揚波也龍君信受謝別大士以青蓮一
瓣浮載諸童禮物相傍而行遂看古島大椿以萬六千歲為一年冥
靈之木以千歲為春秋有鳥曰鵬北海鯤魚廣數千里化為鵬翼若垂天之雲九萬里而徙南溟
赤松大庭在白嶽監造工完往摯茅峰王簽赤脚趙仁同
顚仙張金箔及重陽七眞黃房六眞已下諸子與華蓋山
神張氏祖孫趨上齊行容成向赤松謝教誨之德松笑曰

須知此景象不在遠也

子房許安太子伯温智保皇孫可稱千古同心程瑤謝二
師之勞并謝容成一路互相閒談不覺麗農在望旁觀萬
島如星羅列海天俯視石樵如筍參差水底赤松曰列公
欲會吾師長生大帝可進此山若視老仙之壽更在長離
只他認得
予嘗采火芝於彼葉赤莖青離此尚有萬里在南極丹天之盡
眾真皆願進謁登麓由外園子口緩步緣左一道大溪從
山頂旋折而下味甜澄澈凡至此者向其中沐浴中有五
色石卵崖上千尋古木皆廣數十圍紫藤垂掛蒼蘚斑斕
白鷳翠帶之鳥飛鳴自得朱鱗金脊之魚游泳悠然奇花
異草遍生道側至山前有官吏俯迎曰大帝已爲南極邀

長生君去在長離妙義可參

一稿區填字

去在長離恭候諸仙有從未南來者皆曰可畧觀勝境遂登山眺望是山北距赤源之濱逆枕衡嶽南抵烟雲之裔俯瞰長離東倚汜天之山赤水窮焉西望不庭之水滎山所注近接巫山爲大帝種藥之所遠臨翠尾是諸神遊歷之墟上通丹天下徹重泉宮觀殿臺一片紅霞籠住山巖溪洞半天紫氣週遭坡下燕園萬頃蕃㮨千株衆仙不及細玩匆匆下山官吏送出山口告辭而退衆仙趨雲步如星移電掣頃刻長離已近遠望高阜處有五隊旗旛旌幢羅列各有錦衣花帽官吏簇擁五位大神齊下阜拱立來迎起居及通名氏乃郭汾陽儀子萬石君石奮錢武肅鏐高伯

恭况馮文懿道、是壽星位下五神躬身敦請羣仙慰勞、因問賀壽者齊否、五神曰、西域佛祖同諸菩薩羅漢最先降祝、其次上界天尊聖衆來臨、於壽筵畧坐、即同諸佛先別去矣、羣仙曰、吾等因阻來遲、不意皆已散去、五神曰、去者只此二處、須彌廣野、蓬島中華諸上眞皆在、尚有龟山西母未至、衆曰、如此猶未為晚、遂序次而進、漸至長離山麓、尚大不及麗農而長過之、山形如魚頭昂向北尾垂於南、宮殿樓閣亦皆北向、火極似水之義其下車輦旌幢鱗集、去山數里、皆錦棚結綵、地設氍毹、直接山門、夾道長松翠栢掩映、丹崖儼若圖畫、崖間飛閣中樂聲頻奏、守山門而員上將

一是興唐胡敬德、一是開宋曹國華鄂公曾餌雲母散李延年術晚年杜門謝
客。奏清商樂。後田夫啟其墓見端坐長髯鋤其肩出白血
風過不見曹彬代不繕壁兵不血刃故女孫為后孫男成
仙本身亦　羣仙恭身欽敬。李靖洪崖等曰。劉公喜膺仙秩
授仙識。
敬德曰。向居星宮。天帝謂南極無人輔佐。故命至此。曹國
舅見祖父歡喜行禮叙話。呂祖曰。不必遷延。速往祝壽。乃
隨班而道。仰望岡子上。一簇仙衆。立於八角亭中。是南極
首徒老祝融。率諸同門。分列前行。內有一位道長長軀偉
貌。五縷銀髯直垂過腹。戴五雲巾。披萬壽衣。朱履絲縧執
玉如意。左有金童捧萬年籐杖。右有玉女把龍鬚拂塵。有
會過者、遙呼仙翁施禮。未會者、意老人長頭短軀。童頂鶴

永晝仙也純陽也長夜鬼也純陰也

羣皆懷疑惑各將土宜獻上仙翁遂一一慰謝至趙仁前驚喜曰聞帝受何師之傳躬行惠濟將進昊天貴爵也仁竦愧曰仙翁何以世俗稱耶衆視亭額曰永晝其下澗水潺湲薰風拂拂方欲進內忽猿鹿奔鳴鳳鸞翔舞西北上綵雲中一羣仙子擁護西母戴七寶金冠垂珠瓔珞披錦雲鶴氅環珮璎瓏坐青鳥而至仙姬宮裝靚服四女子托金盤滿盛桃實其餘各捧服食之品齊出迎白正候王母主爵母曰爲率諸女摘取蟠桃雖已二千七百年尚未全熟遍選止此四筐佐以素食聊充茶貢步至殿門青鳥亦復人形隨侍仙翁遜升金戺碧階鋪設氍毹衆眞進殿捧

南極殿用北極書亦既濟之義

觴上壽仙翁回敬禮畢衆視殿上匾曰長春殿是北極判官顏魯公隸書中懸一軸題跨鶴逍遙圖左側一圖題嵩山訪趙右圖題金殿侍衛衆注目沉吟赤松指行樂曰仙翁生太古之世即稱廣壽顯化大陸既爲赤城輔相永住長離後周時訪趙祖於少林警其救世仁宗朝降生文氏爲國平妖曾致意九天聖姑免多月神之罪歷將相五十年遠東畏服今日壽容是潞公顏貌也皆肅然敬羨仙翁請入顧眞堂就席諸上眞皆起身行禮各依次而坐惟大士與金蟬另席素供餘皆酌葡萄酒酙混元紫童兒捧金盤薦諸山方物羣真曰遍嘗奇品皆賴仙翁之福也赤帝

欲栽眞種。先用築基。甘露醍醐何可少也。

命取長生果來共享須臾官吏呈上其大如瓜將金刀剖
開。異香盈座咸取嘗之香甜遠勝波羅蜜鬆脆還逾度朔
桃。老君曰萬歲一熟恰值仙翁壽期名稱其實也赤帝曰
會訂於麗農爲會今南極壽誕列位先臨敝地即於此山
作東矣命悉取來衆眞飽食凝陽曰此果固自難得即扶
桑椹子向非王公賜食焉知其美張果曰蟠桃之種遍植
將來必多純陽曰但恐土薄不任栽培太士曰以吾甘露
施之即易也鎮元曰吾山人參果更千年亦熟矣至時敢（帶起）
（後伏）屈諸眞皆欣然允諾金蟬率徐程前拜高眞以仙史呈閱
老君曰成此希有功德當永授史職但徐子未盡九年之

止法眼藏
得之不易

功不能明心見性雖得金丹如富翁而愚昧須求大士引
往靈鷲求如來正法眼方爲最上一乘也人瑞歎畱謝教
黄老曰徐子非徒人世之瑞能廣衍則道冝名大史史於
壽筵告竣可名長生籙但貫通三教不來允名同原徐子
再拜敬謝老君曰鴻鈞初判時採五行之氣安爐立鼎煉
就陰陽剛柔相摩而生六子幷父母而爲八生生無窮與
天地並立爲三羲皇會其理以闔闢之機畫而成體於是
卦爻定易象成森羅萬象不出乎易天地玄微悉著於易
易也者包乎六合之外備於一身之中後世但以占驗吉
凶而先後天之大義畧焉弗講黄老玄君欲挽諸君各任

一位或居卦體或守爻象世人凡有誠心相感者即示之變動以爲教化君等可度德量力以自著焉命童展圖官吏張掛正殿羣眞翹首拱觀其圖中安太極分兩儀判三才列四象按五行既定方位立八卦之名因而重之遂爲六十四卦內外各三變而爲三百八十四爻東皇曰西方諸佛太上高眞頃已僉議玄玄上人爲無極老君爲太極日月爲兩儀三皇爲三才四大士爲四象吾五老爲五行其陰陽嬰姹三官四岳五帝皆爲贊輔也列公亦當次第直任羣眞歛手遜讓不敢向前當時青童捧硯玉女濡毫催請再三宛丘微笑而出手招衆眞曰以虛靈之體副有

非羲皇不
能爲是言

家之位何所窒礙而遲回顧慮乎僕請先之遂握筆書於

乾卦之下於是衆真相繼書名

大有 火天	晉 火地	剝 山地	觀 風地	否 天地	遯 天山	姤 天風	乾 属金
白石生	王喬	容成公	玄母	彭祖	李凝陽	偓佺	伏羲
寒哀	靈王	李八百	張伯子	墨翟	施壺公	黃蓋	一真
蘇耽	西 文	諶母	葉君	子夷	萬王變	宋倫	泰昱氏 巢聖
郭志生	桀子 谷春	那和璞	皇甫訥	子武	茵龍	黔雷	
杜子春	焦靜眞	楊什伍	李眞多	盧仝	費長房	神民氏	鬼隗氏
介象	諸葛果	介琰	陳寶	盧紀	牛文侯	弇茲氏	金中
趙廓	沈羲	蒯子訓	陽都女	太姥	張路斯	褚伯王	聊上宗

太

水	水澤	水雷	水火	澤火	雷火	地火	地水	土	山火
坎	節	屯	既濟	革	豐	明夷	師	艮	賁
玄冥	安期生	許遜	蕭史	青烏公	鍾正陽	丁令威	鬼谷子	張果老	燧皇
禺疆	西門惠	盱烈	弄玉	上成公	鍾離簡	薛勉	紀后	司馬錯	周亮
栢皇	韓終	許邁	劉晨	劉根	魏華存	張玄賓	韓康	韋夫人	魏子騫
裴玄仁	蒲姑延	劉遵偉	麗英	陳安世	雲林夫人	沈建	扈謙	張卓	韋善俊
劉珠	王魯連	毛伯道	阮肇	權叔本	姚尹仲	郭文舉	華陀	崑崙奴	張湛
伊祁玄	王剛	許穆	胥貞	幸靈	柳毅	山圖	淳于意	阮基	大魚姬
明崇儼	姚坦	傅陵	王遥	尹思	路大安	樊英	戴洋	淡正	修羊公

雷

山天 大畜	山澤 損	火澤 睽	天澤 履	風澤 中孚	風山 漸	木 雷 震	雷地 豫	雷水 解	雷風 恒
吳猛	馬鳴生	晏后啟	司馬承禎	孫思邈	梅福	勾芒	魯班	麻衣子	東園公
風后	陰長生	司馬季主	范幼冲	朱孺子	陸羽	皓翁	岐伯	巫炎	劉海蟾
彩鸞	郄鑒	魚道超	王遠知	葦昉	嚴光	安妃	王次仲	扁鵲	劉仙姑
師曠	孟思期	魚道遠	成武丁	潘茂名	嵇康	太源夫人	葛由	楊義	綺里季
黃仁覽	朱庫	史蘇	張景華	衛叔卿	王烈	尉繚子	雲氏	負局	甪里先生
文蕭	鄧種	劉京	劉摩訶	王重陽	貞兒	孫武	冷謙	鳳綱	夏黃公
孫傳	蔡瓊	朱仲	郭四朗	杜爕	陳生	九烈君	班孟	陽勵	華子期

地風	水風	澤風	澤雷	風木	天風	風火	風雷	天雷	火雷
升	井	大過	隨	巽	小畜	家人	益	无妄	噬嗑
蘇崇	甯眞子	匡續	葛玄	茅濛	[illegible]	蘭公	張道陵	王方平	伊周子
譚峭	荊姑	東陵聖母	于吉	郭姒	蔣子文	諶母	趙昇	李意	葉法善
徐洪客	茅盈	楚能昭	趙昱	王褒	元光	劉剛	張總裝	尚廣	趙炳
顏筆仙	蓮花玉女	傳八史	徐位卿	毛夫人	陶安公	雲英	玉蘭	嚴晉卿	許宣平
郤儉	茅衷	盧溫	姚光	蓬球	紫母	董幼	張衡	西河少女	唐若水
孔秘	茅固	薛肇	宮嵩	方子春	嚴青	樊雲翹	雍氏	酈氏	唐若山
皇甫隆	馮遇	彭抗	白仲都	郭勺藥	徐灣	裴航	王長	蔡經	李靖

卦							
山雷 頤	藍采[illegible]	軒轅萬陽	驪山老母	木煥	太英	女華	軒轅清
山風 蠱	飛廉	巨靈	雲華夫人	陳昔	柳融	杜傷	樂子長
火 離	祝融	廣壽	何侯	離明	王可交	朱翼	殷七七
火山 旅	浮丘伯	琴高	蕭父	阮孝基	成公綏	師門子	綏卲
火風 鼎	魏伯陽	徐景伯	淳于叔通	李河	徐太極	廣巡	緱仙姑
火水 未濟	曹德休	宋無忌	女華	汪華	赤須子	湘君	周顛
山水 蒙	尹文始	徐市	董奉	耆域	尹軌	徐人瑞	梁姥
風水 渙	白玉蟾	陳楠	趙元陽	胥妙典	雙襲祖	張方	朱襄君
天水 訟	伊用昌	鐘元丞	寇謙之	劉子南	馮鳴	封君達	王纂
天火 同人	赤松子	廖沖	鄧郁之	侯生	管輅	徐靈期	董洞玄

地土	地雷	地澤	地天	雷天	澤天	水天	水地	澤金	澤水
坤	復	臨	泰	大壯	夬	需	比	兌	困
女媧	呂純陽	黃安	張紫陽	劉涓子	湯武子	葛洪	丘長春	蓐收	伉生
韓西華	方儲	東方朔	蕭挺之	巢父	殷馗	鮑姑	張兆期	務光	陳摶
少女姓	莊伯微	爾朱洞	彭耜	冠先	申金鼎	鄧嶽	謝雅堅	呼子先	王玉陽
趙愛兒	梁諶	顏眞卿	王冰	沈文泰	范豺	徐寧	褚如一	嚴遵	郝太古
南陽公主	盧敖	王質	陸子野	葛越	陸法和	鄭思遠	姚眞卿	謝自然	譚玉陽
咸逍遥	甘需	莫月鼎	薛道光	谷將子	李方回	黃野人	喬君	張三丰	劉通妙
目儀	姜若春	李少君	石得之	樊子明	韓清夫	鮑靚	邗子	張志和	昌容

澤地萃	澤山咸	水山蹇	地山謙	雷山小過	雷澤歸妹
何一陽	昆吾	孫登	陶弘景	馬丹陽	藐姑
紫微王	薩守堅 夫人	軒轅集	桓闓	孫不二	麻姑
王順	李意期	馬榮	潘師正	陳致虛	鉤翼女
張碩	程珰	周譚陵	支謙	趙友欽	雷隱翁
賈耽	馬自然	麋長生	沈玉霞	張模	方氏
周隱遙	李悱	郭璞	李定	李珏	阮丘
杜蘭香	古强	屈處靜	程濟	宋有道	張公超

何師慰趙仁曰子存遊倖能修德樂道予之卦職子當居之黃老曰當仁不讓（此句恰合趙仁姓）於師列君任職一元後賢又得更代矣衆俯首受命起向仙翁掛別老君復謂徐程曰功行未深尚宜週遊宇宙以拯患難後日天詔下頒方爲克副二

子雖遵法旨隨衆高真下長離至麗農辭赤帝各返本山程子與次仲言別偕徐子邀金蟬同至林屋更將仙史刪繁就簡復加聯貫金蟬曰如此亦蔓不枝可云無間矣辭而九華仙史命掌書吏繕寫整齊分仙真衍派佛祖傳燈聖賢貫脈三帙共二十一卷數含妙義流出同源

麗農遠逾南海不啻萬里復經萬里始達長離而兩處景物曲折寫出使閱者如見非身歷其境何能道隻字南極離位也日月麗乎天重明以麗乎正離之我也適與世運相符若曰丹天同祝永以為樂無人不在長生會人矣君為成祖恰值仙史告成可見天人合德重明之後即繼以咸咸者感也造化感通還返自然之少陰少陽二氣感應以相與則完璞之返老還童又疑焉至於天地感而萬物化生又見生生不已之義一卦有六十四變六十四卦有四千九十六變也

[illegible]中
陰[illegible]
裴休訪禪
州善覺禪
師問有侍
者否曰有
兩箇乃喚
大空小空
二虎自菴
後出休驚
仙師曰有
客在且去
張遊謁智
威於牛頭

〇〇陰地經培心地本　　△△小成集築大成基

一卷九節節九頁每卷計三萬六千餘字留貯玞樓葬藏、將參禪宗於天竺完璞亦欲辭歸適白嶽仙吏來迎山前居民喧呼雷動吏卒報有二虎自宜興乘大霧渡湖至本（大人虎變之象）山驚擾完璞笑曰去惡除殘須從近始出宮飛步大喝一聲二虎震懾伏地完璞曰速爲吾駕車還山鎮守即弭耳垂尾隨至車前吏卒以馭索繫其項完璞向徐君拱手弁車風馳雲擁頃刻至白嶽見甲第連雲門庭華煥峭壁崇岡周圍護繞蒼松翠栢四面成叢方下車入門五老命仙官齎紱服璽章丹書雲篆至完璞招元姬同拜錫命易服

山僧從役同師向方入以拂手擊禪床二虎咆哮而出令完璞從伏二虎可謂覺威攝矣矣

施元根

陳垂典

謝恩禮欽仙官而別完璞至上宮拜見始祖友聖先生稱本先生曰久居寂寞子來正可相依完璞告退出堂官吏庭謁完璞命謹守洞府毋使塵踪至近皆應諾而退是歲冬至日黃山曹德休同過海被阻七上眞來訪完璞迎入作禮國舅曰特來致謝并賀功成完璞曰末學未及趨謁先蒙降重何以克當今日乃晚輩花甲初度上眞光臨邀榮多矣命設宴款待二子紹昌及門施元根陳垂典前拜侍宴八仙曰吾等當聯詩一章以介壽鐵祖首吟曰

李　曾從秦漢植根荄、　張　千載前儲翰苑林、

鍾　炯炯文光搖斗極、　呂　融融道氣接瀛臺、

韓名高玉册稱良史、藍紙貴仙都頌佚才、

曹聊借一尊同祝嘏、何初週甲子尚嬰孩、

果老曰若從秦末論起非嬰孩矣、完璞酌巨觥爲謝取雲箋求書清夫用雙鉤筆法書之後、曰終南八友題祝完璞命、舒於中堂、暢飲極歡、衆眞起辭、完璞曰容當潔誠拜謝、送出山塢、別去、有金蟬使命至、曰帝君傳語凡得仙者九祖超昇、君之祖先皆本身修德、都生人世受享福報、待壽滿時、送來團聚也、完璞曰先煩使者致謝、隨當躬叩洪慈也、使者去、完璞自以家世并生平出處、修史、南遊諸事爲傳記、以示元姬、曰南極會上聞王母云更三百三十年、又

藍超
徐醫
幼子
傭工

當貓猍大會子可同往矣元姬謝曰幸賴先生福澤歲餘白紫清玉蟾來晤曰曩於廣野聞姑蘓徐姓醫家將作史仙在元末往訪遇其宗人同業而向善因留居六年滿極會上始識二史之容欲覯著述叩包山適大史西遊其諸郎君延入登華藏檢閱一月歸途進謁不恭完璞曰蒙師先施朱贍知止爲罪紫清曰近居閩縣東山榴花洞以其下通武夷第四曲溪也敘數日別去事承泰中樵者藍超逐一白鹿渡入右門有鷄大人烟十翁謂曰此避秦地也留卿可乎超曰欲與親舊訣乃來翁與榴花一枝而出再往則迷矣吳城臥龍街南徐藥舖有傭工者爲供截藥凡五載忽一日抱徐之幼子出逾時歸徐詢之傭去曾往福建徐不信傭向兒

盛隣
劉畔
劉椿茶

䄂取鮮荔枝圓果出曰此地所無聊取共嘗徐駭問兒兒
曰傭抱我以手掩吾目開轟轟聲少頃放手身在樹下摘
果徐意八閩遥隔幾千里安能片時迴還傭曰實非凡輩
爲有夙緣故來暫寓今緣盡矣將去故少露吾跡徐與爲
眞仙闔門羅拜求賜福以貽子孫仙云當爲君擇墓隣金
雅盛劉兩家深信術求之徐云無他望止求世守醫業
盛云但求子孫平安耳劉云累代讀書其後願得貴蔭仙
答如其請爲之擇地盛於黃山徐劉虎丘獨謂劉曰君家
七世積德當解元頭狀元尾熙灾畢即辭去衆請留名始
曉之曰白玉蟾也今徐之世業不替劉之孫丁酉將千討
間有發於鄉場者劉之子在元爲推恭提

劉跋 劉行 仁宗 高熾 洪熙 士奇 宣宗 瞻基 宣德 新建報 蔣實

舉其子吹登建文己卯科解元万並學門人幾及時成
於難其子行戊成進士凡十三世科田為吳門閥族時成
祖已崩太子高熾立建號洪熙赦建文黨除誹謗令
帝明乾象夜見星變召楊士奇等曰天命盡矣未幾遂崩
在位一年子瞻基立改元宣德漢王煦反帝親征平之群
臣請移師執煦王士奇獨不可遂乃安元年春完璞開徐
君西回已證菩提欲邀同遊立功完姬置酒為餞完璞曰
此行濟世度人帝君處述祖父回山子當敬事元姬曰此
錫之職何煩丁寧完璞召官吏諭以謹守厥職則佩劍出
府乘風雲遷往包山握瞻稱賀宴飲快談在座有陸蔣諸
子長婿蔣實其孫所記仙史事蹟上覽完璞亦出本

(1)魏清遠

(2)陳德圓 君曾爲周隊將蘇史徐君今爲仙山守藏赤縣道錄

紀示之彼此交贊忽報太上勅命全大使魏清遠伯陽從耳孫
務同悟入得金丹成道伯陽引見道祖賜號抱陽子即命
爲使輔行陳德圓安世之後、徐稚迹上玦溪清遠宣揚龍
守靜至道
勅九玄七祖皆有封秩人瑞爲徵時太史掌守華藏兼案
中撫濟使鍾姑爲易陽淳眞夫人程瑤爲闡徽少史兼案
中糾巡使周錫爲文明隱貞夫人、凡遇苦難即行救拔度
仁慈忠烈之人嘗貪冥頑之類九天十地任爾周遊入
極四維咸當遍歷如其有功無過再行超擢聞錄欽哉二
君尊受勅命款待大使共談金丹本道相爲印證期以傳
世與人二君欽服事以師禮送别大衛還歸山分救濟世、

四

古文衛字三顧六壁中一日有道之法相無假此義

弟子等以二君本傳紹附於末此後撤忠除魔諸事悉載
震遊記小成集中大史六世孫衛知仙祖之著作乃再探
林屋得秘本四十五卷出與覺姑同修尋繹妙義刪并僅
存其半迨唐末仍訪少史五世孫毓奇渠與室太素續而
勤修贊成厥功焉宣史復有寘律二卷懺悔一卷修齊家
法十二條壽嬰本草三卷測海錄四卷
與亦史同纂蜀漢拾遺
十卷及南唐後宋醧幽
更期相續不磨還鑒後來同志

歷代神仙通鑑／（清）・徐道編撰，程毓奇續撰--影印本
--臺北市：臺灣學生，民 78
14,3656面；21公分--（中國民間信仰資料彙編第一輯；
8）
ISBN 957-15-0017-8（精裝）：全套新臺幣20,000元

I（清）徐道編撰，程毓奇續撰 Ⅱ中國民間信仰資
料彙編第1輯；8
272.08/8494 V. 8

中國民間信仰資料彙編 第一輯

王秋桂 李豐楙 主編

歷代神仙通鑑（全八冊）

纂集者：清・徐道
出版者：臺灣學生書局
發行人：丁文治
發行所：臺灣學生書局
臺北市和平東路一段一九八號
郵政劃撥帳號〇〇〇二四六六～八號
電話：三六三四一五六
本書局登記證字號：行政院新聞局局版臺業字第一一〇〇號
印刷所：明國印製有限公司
地址：台北市桂林路二四二巷五七號
電話：三〇八九八二〇
香港總經銷：藝文圖書公司
地址：九龍又一村達之路三十號地下後座
電話：三一八〇五八〇七

中華民國七十八年十一月景印初版

27203-8

ISBN 957-15-0017-8（套）